BRÉSIL

CHARLES VANHECKE

LOINTAIN INTÉRIEUR   4
CAPITALE DES SABLES   34
PAU-BRASIL   44
LE GOUTER DES GÉNÉRAUX   66
ONZE MILLIONS DE SQUATTERS   82
SI TU VIENS A RIO...   104
POLYGONE DE LA FAIM   130
ALEIJADINHO   160
AMADO   164
CINEMA NOVO   168
FUTEBOL   172
CARNAVAL   178
SAMBA   182
COMMENT VOYAGER   186

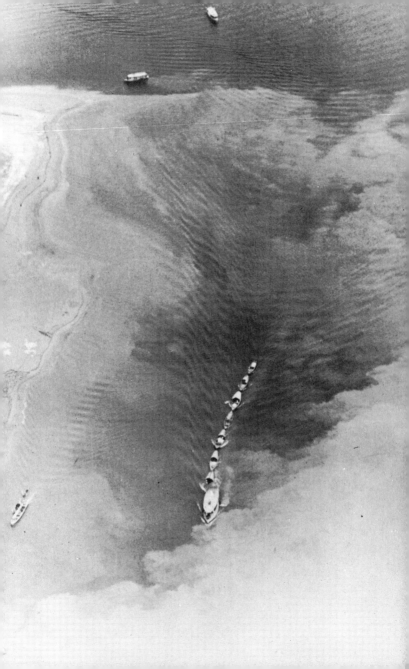

L'igarapé, l'eau sous les grands arbres
Le Pantanal et son caoutchouc mousse

LOINTAIN INTERIEUR

TRANSAMAZONIENNE

VENTRE-NATURE

DÉCOUVERTE DU GRAND FLEUVE

LA MORT EN CE JARDIN ?

BONHEUR INDIEN

Un pays ne se montre bien que lorsqu'il exagère. Comment expliquer le Français sans l'émiettement de son paysage, sans le bocage qui l'enferme et le défend, sans la vie à pas comptés, trop comptés, de ses jardins et de ses mails ? On n'imagine guère l'Espagnol qu'au fort de l'été, quand la chaleur l'écrase contre ses pierres et lui donne l'âme essorée d'un guérillero. Pour comprendre le Brésil, il faut le chercher dans sa masse. Entrer dans cette Sibérie tropicale qui s'étend au-delà des *serras* (chaînes de montagnes) côtières, où a longtemps buté toute civilisation. Dans cet espace sans vertèbres, articulé seulement par les fleuves, la nature, a-t-on dit, ne répond à une question que tous les mille kilomètres. Pendant des jours, les paysages se ressemblent, forêt primaire ou secondaire où la répétition de l'arbre ne s'interrompt que pour celle du pâturage. Ailleurs, le Brésil a des points de culminance, de fulgurance. Ici, il a l'étoffe ingrate d'un pachyderme. Il faut être l'enfant de ces steppes feuillues, de ces vagabondages toujours identiques pour en apercevoir la vie à ras de terre, les failles presque clandestines, les arêtes à peine dessinées, et aimer leurs villages construits sans habileté, sans culture, où tout a la rugosité – mais aussi la fraîcheur – du bois, de la boue, de la corde.

Si je cherche ce que je porte de Brésil en moi, ce n'est ni Rio ni Salvador que je trouve, mais ce vaste pays enfermé dans sa similitude, qui a l'air de ne jamais vouloir sortir de son lit, et qui, pourtant, régulièrement, déborde – sécheresses ou déluges. C'est un Brésil qui reste en jachère : le sol à cultiver, la maison qui n'a pas encore ses bases – elle n'est souvent qu'une case –, la femme qui est l'enfance de la femme, l'homme réduit à ses faims et à ses étonnements. A chaque instant, il me donne l'humanité en apprentissage. Mal ficelé, mal fagoté, le corps bloqué, le geste élémentaire, l'émotion barbare, et une patience d'Hindou, un immobilisme sans limites. C'est un Brésil dont la pâte n'a pas encore pris et qui peut épouser toutes les formes. On en voit déjà s'ébaucher quelques-unes avec l'avancée brutale du *latifúndio* d'élevage qui expulse de leurs lopins traditionnels les paysans aux sourires sans dents, aux enfants enflés par les verminoses, les loqueteux qui résument en eux le mutisme de l'Indien et l'ébahissement du noir. Tout, ici, a l'apparence du western : les vachers, les troupeaux aux cornes en demi-lune, l'espace conquis par l'abattage et le brûlage des arbres, le puissant remuement des fleuves, où les troncs sont convoyés par flottage, les champs de manioc ou de coton où le mouvement des nuques et des bras ressemble à celui des rizières, où les paysans balbutient comme dans un roman de Faulkner ou de Guimarães Rosa. Tout, sauf l'essentiel : la liberté laissée à chacun de faire son ranch. Entre le capitaliste venu du Sud, qui investit dans l'élevage, et le petit homme rivé à ses pioches, prisonnier de ses endémies et de son ignorance, le contraste est saisissant. D'un côté la civilisation des grands pâturages, qui progresse par pesticides et fils barbelés, de l'autre l'humanité à peine sortie de son moule, qui file la quenouille, boit l'eau des rivières, et chante pour se lamenter.

Steppes de Bahia, landes du Goiás et du Mato Grosso, pierres du Piauí, comment ne pas vous aimer jusqu'à la racine des sables ! Les routes zigzaguent, s'évanouissent et renaissent entre les épineux ou les monceaux de verdure, laissant voir au loin le trot gracile d'une autruche. On dort dans des *dormitorios* vibrant de moustiques et de mouches. Les nuits sont baignées de sueur. Au petit matin, les ânes prennent le harnais, les femmes trient des haricots dans la rue, les bouviers

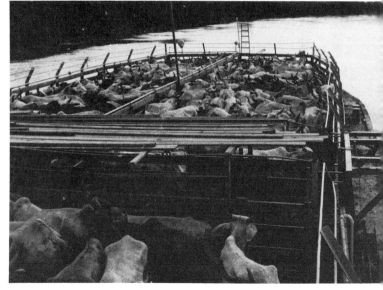

rameutent leur bétail, le pantalon sans ceinture remonté entre deux jets de salive, les vieillards prennent la pose des tabourets, petits tas résignés à côté des nouveau-nés piqués de rougeurs qui dorment dans un hamac. Sommeils sommaires, journées réduites à leur fil, nourritures toujours les mêmes : bœuf, riz, haricots, manioc. Et, dans ce Brésil vierge d'histoire, dépourvu de savoir-faire, toujours pressé d'aller au plus simple, un seul assaisonnement, le ketchup. Tordez le cou à la technique, à la rhétorique, aux mille gourmandises des civilisations, et asseyez-vous à ces tables où le café – dans sa thermos – sert d'assommoir. L'esprit, le corps reviennent à leurs respirations premières et se sentent désarmés devant ces brousses nouvellement occupées, possédées d'une faim grossière, qui sentent la botte, le fouet de cuir. Nous sommes au degré zéro du pays : assis au même banquet sylvestre, il y a les recalés des villes, les spoliés des grands domaines agricoles, les faiseurs d'affaires, les techniciens en herbe. A chacun son royaume, son île de Pâques dans ce trop-plein végétal dont le Brésil se sent encombré, et qu'il met en pièces.

Finies la savane et ses plantes plaintives, presque revendicatives, on entre dans l'oultre-monde amazonien. La grande exagération brésilienne se trouve là, sur ces trois millions et demi de kilomètres carrés d'un vide humain quasi absolu. Mesurées à l'aune amazonienne, la patience, la pesanteur du pays sont infinies. Certes, le Brésil a longtemps tourné le dos à sa forêt, il ne savait qu'en faire. Mais il y puisait en même temps son optimisme, son attentisme de monolithe sûr de lui. Là-bas dormaient tous les trésors. Là-bas était le ventre fertile qui un jour se mettrait à germer. Ses tropiques inextricables symbolisaient sa difficulté d'être, son impossibilité à transformer en pays l'ébauche du pays, en arpents du bon Dieu la naissance du monde. Il ne s'impatientait pas. Demain il serait le grenier de la planète, son pourvoyeur en minerais, sa réserve d'oxygène, son château d'eau, sa fontaine de jouvence.

Demain le Brésil tendrait la main au reste du globe et lui apporterait, en même temps que sa bonne humeur, ses virtualités intactes.

Demain est arrivé. Les motoscrapers ont fait tomber les arbres et ouvert, avec les routes, un nouvel espace à l'imagination. La Transamazonienne a été la Chanson de Roland du pays, qui a exalté, jusqu'à l'enrouement, ses milliers de kilomètres arrachés à la nuit des feuillages. Rien n'a manqué pour le lyrisme de circonstance : même les Indiens sont intervenus dans le scénario, tribus de l'âge de pierre qui venaient au monde blanc pour la première fois ou peuplades irréductibles qui répondaient par des flèches aux fronts d' « attraction ». La Périmétrique Nord, de la Guyane au Pérou, a fourni pendant un temps son deuxième chant à l'épopée, mais elle a été interrompue en attendant des jours meilleurs. Aujourd'hui, les « terres vierges » sont balafrées dans tous les sens : d'est en ouest, et aussi du sud au nord, de Porto Velho à Manaus, de Cuiabá à Santarém. Le Brésil a jeté sa nasse sur l' « enfer vert ». Pour quelle pêche miraculeuse ?

Géologues, agronomes, comptables de la nature sont unanimes : le mastodonte a des pieds d'argile. Il repose sur un sol superficiel, vite lessivé par les pluies. Pour cultiver la terre, il faut la protéger, la « corriger », y engloutir mille dépenses. Seules les grandes entreprises peuvent tenter l'aventure. L'Amazonie sera capitaliste ou ne sera pas : telle est la conviction du jour. La colonisation sociale amorcée au début des années soixante-dix est abandonnée. La forêt n'est plus la terre promise aux paysans du Nord-Est. Occupée, elle le sera, mais économiquement, non démographiquement. Comme l'Australie, comme le Canada. De territoires grands comme la Belgique, les *fazendeiros* font déjà un enclos ou un pré.

Le sous-sol cache plus de certitudes. De part et d'autre du bassin, de vieilles structures volcaniques sonnent le métal. Il y a de la bauxite sur les bords du Trombetas, du manganèse dans les montagnes de l'Amapá, de la cassitérite dans le Rondonia, du fer — dix-huit milliards de tonnes de minerai — sous les crêtes de Carajás, dans le Pará. Il y a de l'or, des diamants dans le lit des fleuves. Peut-être de l'uranium... Quand les compteurs Geiger battent la chamade sur les *serras* habitées seulement par les singes, tout le pays sent l'uranium lui monter à la tête. Il ne doute pas d'avoir les entrailles nucléaires. Et il n'oublie pas cette ultime richesse : les soixante-sept milliards de mètres cubes de bois entreposés sous les lianes et les ronces.

Les raisons d'être amazonien ne manquent pas. Économiques, mais aussi stratégiques. La marche vers l'ouest a pour autre objectif de maîtriser onze mille kilomètres de frontières longtemps laissées à découvert. Et de décourager la « convoitise internationale » sur une région revendiquée, pendant un temps, comme une sorte de parc naturel de l'humanité. « *Integrar para não entregar* ». Intégrer pour ne pas brader : tel est le slogan du western brésilien. Prendre possession de soi-même, habiter enfin son corps. Les défricheurs de brousse, les ingénieurs des ponts et des chaussées pionnières sont-ils là pour occuper, peupler, exploiter ? Oui, mais aussi pour réduire l'inconnu au connu, l'incommensurable au mesurable. Pour apprivoiser l' « enfer ». Les climatiseurs, l'eau filtrée, la dédétisation, l'hôpital, la chapelle, l'école, autant de recettes pour exorciser les démons d'un insupportable Midi. Il est vrai que passé un certain seuil, l'œuvre de civilisation ne vaut plus. Sur leurs pelleteuses et leurs bulldozers, les manœuvres connaissent, eux, toutes les affres, tous les miasmes des forestiers de fond. Mal nourris, mal logés, ils s'épuisent vite, et sont vite remplacés. Le Brésil n'a jamais lésiné sur les « coûts humains ». Encore moins quand il construit les pyramides.

VENTRE-NATURE

Forêt dévoreuse d'énergies. Dans l'inconscient universel, elle est synonyme d'ensevelissement. L'homme ne se construit que sur l'horizontal, il prend sa silhouette dans la pampa ou sur la *meseta*. Au cœur de la jungle, il se dilue, il est englouti, digéré par le ventre-nature. Le végétal, ici, a quelque chose de carnassier : qu'un avion s'accidente, et les branches se

◁ *Seringueiro saignant l'arbre à caoutchouc.*
Forêt-tombeau.
▽ *Caboclo dans son mouchoir de poche, au bord du fleuve.*

La misère sur pilotis ou dans ses murs de taipa (boue séchée).

referment sur lui, l'enfouissent à jamais. On marche dans un méli-mélo de feuilles et de lianes. Forêt-cathédrale ? Alors il faut en deviner les arches. A première vue, elle n'est qu'anarchie. Mais les connaisseurs disent que non : elle a son ordre, sa hiérarchie. Trois forêts au moins se superposent. Celle des arbres dominants, qui captent toute la lumière, et celle des arbres dominés, parias de la photosynthèse, qui écrasent à leur tour de leur ombre la bataille, à ras de terre, des jeunes plantes en lutte contre le manque d'espace et de soleil. Le sol est un tapis de pourriture. C'est de ses déchets que la forêt fait jaillir et rejaillir ses futaies.

On imagine des bonds, des élans, une sorte d'élasticité permanente, de danger aux aguets et tapi dans le noir. Erreur ! Il y a bien des jaguars, des pumas, mais ils se font rares. Les tatous, les tapirs, les tortues, en revanche, abondent. Serpents (il y en a deux cents sortes), plantes (il y en a trois mille espèces), grandes colonnes du temple (il y a huit cents essences d'arbres) : tel est le domaine amazonien. La blessure, quand elle vient, a les crocs miniatures de la fourmi, de l'araignée, de l'anophèle. L'eau cache plus d'appétits, avec ses caïmans aux yeux qui phosphorent, ses piranhas qui attaquent le bétail aux jointures, ses raies qui empoisonnent, ses piraráras qui paralysent, ses poraquês qui électrisent. Forêt habitée de cris : depuis le toucan jusqu'à l'oiseau « dragueur » (il en a le sifflet), depuis l'oiseau « forgeron » jusqu'à la sarabande des singes, le soir, à l'appel d'un *líder* invisible.

Les routes ont permis d'intérioriser la forêt, de la pénétrer dans ses points « fermes » et non inondables. Jusqu'alors, les fleuves étaient la seule voie de communication possible, grandes masses qui emportent les arbres et les pâturages au moment des crues, ou simples igarapés (bras d'eau) qui imbibent la toison et la font transpirer. Ils étaient le vivier naturel de l'Amazonien *(caboclo)* avec leurs mille huit cents espèces de poissons dont les noms – tucunarés, piracurus – se prononcent à l'indienne, du bout des lèvres. Chaque habitant était – et reste – un être amphibie, mi-homme, mi-pirogue, qui vit sur pilotis, met ses bêtes et ses plantes sur des radeaux

*Belém,
avant
et après la pêche.*

au moment du rut fluvial. Et c'est vraiment la Genèse quand l'Amazone sort de son lit, avec ses arches de Noé beuglantes d'où le bétail ne descend que pour attraper des herbes, en nageant.

Le Brésil innocent, à peine sorti de l'indianité, tout à ses harpons et ses calebasses, le Brésil de l'inévitable, de l'indéchiffrable, le voilà. Entre les grandes tiges chancelantes, les échassiers ont des plumets de hussards, des cols fourrés d'hermine, et les rameurs promènent leurs bras cuivrés au fil du courant. Les visages sont placides, presque fermés. De l'Indien, dont il descend, le *caboclo* a gardé le regard en forme de meurtrière. Il vit encore à l'âge du troc : un jour ramasseur de châtaignes (les noix du Brésil), un autre jour *seringueiro* – deux cents, trois cents arbres à latex qu'il saigne et dont il échange la production contre son matériel et sa nourriture. Debout dès l'aube, loin de tout, enchaîné au *barracão*, le magasin du propriétaire, pourchassé dès qu'il fuit, le *seringueiro* est un serf, une des nombreuses versions brésiliennes du servage.

DÉCOUVERTE DU GRAND FLEUVE

Cau-chu! C'est ainsi que les Indiens Tupis appelaient le liquide qui coulait de leurs arbres et qui, une fois coagulé, dansait, rebondissait sous leurs mains. Les Espagnols ont été les premiers, en 1538, partant de Quito, à descendre le Grand Fleuve. Un siècle plus tard, le Portugais Pedro Teixeira fait le trajet en sens inverse, frayant la voie aux caravelles qui, pendant tout le XVIIIe siècle, sillonnent les cours d'eau satellites – vingt-cinq mille kilomètres de voies ouvertes aujourd'hui aux croisières et aux cabotages. Les franciscains, les carmélites, les jésuites, groupent les sylvicoles en communautés, leur apprennent à planter le tabac, le sucre, le café, le cacao, ils les « lusifient » – du moins ils le croient – les christianisent, les sédentarisent. Soldats, laboureurs, bateliers, cueilleurs des « drogues » du *sertão* [1] – les épices et les herbes –

1. La brousse, l'intérieur sauvage, inhabité.

Les petits hommes du garimpo (mine).

les Indiens donnent à la conquête son soubassement humain. Le cocktail racial se fait au hasard des razzias. L'Indienne nue met les marins portugais en transe. A en croire l'écrivain Gilberto Freyre, une véritable frénésie sexuelle marque les premiers temps de la *descoberta*.

C'est au XIXe siècle que le caoutchouc est redécouvert. Le Brésil en devient le premier producteur mondial. Pour exploiter l'hévéa amazonien, un demi-million de Nordestins émigrent, essaiment jusque dans l'Acre, disputé, puis acheté à la Bolivie. Manaus pousse en pleine selve, d'abord ville de bordels et de tripots, mais qui se civilise, se donne des tramways, des téléphones, un opéra de mille deux cents places marbré à l'italienne, tuilé à la française, et encore aujourd'hui insolite. Les acheteurs-exportateurs roulent sur l'or. On raconte qu'ils allument leurs cigares avec des billets de banque, boivent le champagne comme de l'eau, font soigner leurs dents à Paris et laver leur linge à Londres. Folie! Folie née, comme tant d'autres, d'une confiance illimitée en soi-même, en un demain adoré d'avance, jamais redouté. Bien vite, l'euphorie s'évanouit. Les Britanniques, qui dominent le marché mondial du caoutchouc, ont importé des plants d'hévéas amazoniens et les ont expérimentés en Malaisie. A partir de 1913, les plantations malaises, puis javanaises, sonnent le déclin de l'hévéa sauvage – dispersé, donc moins rentable. Fini l'opéra, fini Manaus. Si la ville a repris aujourd'hui du mouvement, grâce à la création d'une zone franche, c'est un mouvement factice. Le transistor japonais à moitié prix n'est pas un sûr indice de renaissance. Le poète qui rêvait de faire une ville avec des loques peut venir ici : il y trouvera ses haillons. Sur les bras du rio Negro, mille infirmités s'entassent sur pilotis, dans la puanteur des eaux barattées par l'ordure. Et là-bas, au débouché du grand fleuve, Belém la portugaise, la gardienne du delta, Belém qui entrepose le bois et le jute, s'est enflée, étalée – huit cent mille habitants en 1975 – mais les femmes qui font la queue sur les docks achètent, au lieu de poisson, des têtes de poisson, et ce n'est pas pour faire la soupe, mais leur repas quotidien.

Le manioc à l'avant, les filles à l'arrière.

Demain est arrivé. Plus porteur d'inquiétudes que de certitudes. Ces grands arbres qu'on abat, de quel désert sont-ils les présages ? Le sol, les arbres, l'eau, les pluies, les insectes, tout se tient. Sous leurs giclées orgueilleuses, les trois millions et demi de kilomètres carrés de forêt témoignent, en sous-sol, d'une solidarité farouche : entraide des racines. On ne peut pas tuer un arbre sans qu'un autre meure. C'est pourquoi bien des Brésiliens ne se résignent pas au massacre amazonien. Ils se demandent ce qu'il faut préférer : le bœuf ou le bois, des protéines animales ou de l'oxygène et des pluies ? Faux problème, répondent les experts, qui affirment que la selve vit en circuit fermé – elle consomme tout l'oxygène qu'elle produit – et qui ajoutent : voilà bien le Brésil, pressé d'emprunter au monde surencombré, surindustrialisé, ses angoisses écologiques, d'imaginer la paupérisation de ses espaces naturels quand tant d'autres pauvretés – moins flatteuses – l'accablent encore ! La mort est-elle en ce jardin ? Soyons juste. Pas encore. Les trouées faites au fer et au feu sont à peine perceptibles. A perte de vue, l'Amazonie reste ce qu'était le « vieil Océan » pour Lautréamont : une grande tache verte appliquée sur la face de la terre. Cachée sous le halo de sa transpiration.

Dans l'immédiat, l'Indien fait davantage problème. L'Indien « génocidé », ethnocidé, délogé de ses aires de chasse et de cueillette par l'avancée des fronts pionniers, des *fazendas* d'élevage, expulsé de lui-même par la civilisation blanche. Des tribus inviolées habitent encore la région promise à la Périmétrique Nord. Ailleurs, les indigènes sont presque tous en contact – intermittent ou permanent – avec le Brésil des fusils, des miroirs, des chemises et des haches, le Brésil de la grippe et de la variole, du tourisme et de la *cachaça* (eau-de-vie de canne à sucre), tous les cercles de l'enchantement et de la perdition en même temps.

Cent mille Brésiliens environ vivent dans la préhistoire du pays, ou plutôt sur son autre versant, dans un ailleurs où tout est fête ou prétexte à la fête – la chasse, la pêche,

*L'homme, la femme,
le poisson, l'enfant,
le cabas*

La corvée de pluche, maïs dans le hamac

Peinture en famille et préparation de l'urucu pour se peindre en rouge

La fascination du miroir, les flûtes sacrées de la fête, les plumages de la danse (Indiens Kamayra et Bororos)

la cueillette – et où l'univers est peuplé d'autant d'esprits qu'il y a de plantes, d'animaux ou d'arbres. Combien seront-ils dans vingt ans ? Victimes de nos maladies, contre lesquelles ils n'ont pas d'anticorps, ils bénéficient aussi de l'assistance missionnaire, de l'aide de la FUNAI (Fondation nationale de l'Indien). Le risque, tout le monde le sait, n'est pas qu'ils disparaissent physiquement, mais qu'ils meurent en tant qu'Indiens.

« Et pourquoi devraient-ils rester éternellement indiens ? » demandait un jour un de leurs ministres, le général Costa Cavalcanti. Oui, pourquoi ? Prendre du bon temps dans les rivières, se teindre en noir ou en rouge, se perforer la lèvre avec un os – ce qui donne l'air pensif – s'asseoir sur une carcasse de tortue pour polir une flèche, une lance, tresser une hotte de portage : passe-temps hors du temps, enfantillages de l'âge de pierre. Faire de sa paillote un joyeux dortoir où les poules, les dindes, les chats, les chiens – chacun a son chien – fraternisent sans vergogne. Élever des chouettes, des perroquets, pour rien, pour le plaisir, pour les quelques plumes rassemblées un jour en collier. Enterrer les morts, assis, sous la case, car c'est là que leurs esprits se trouvent le mieux. De l'enfant, tout aimer, et l'enfant est bichonné, cajolé, brillantiné à l'huile de coco, lavé à tout instant avec une eau que la mère attiédit d'abord dans sa bouche. Ne jamais toucher au crapaud : symbole du mal (n'est-il pas repoussant ?), il pourrait perturber la vie de celui qui le blesse. Ni au paca, qui a la saveur du cochon, mais dont les cris ressemblent à des pleurs d'enfant. En revanche, chasser le renard pour son foie, car c'est là qu'il concentre son courage. « Endormir » les poissons en remuant l'eau des rivières. Cueillir les plantes qui font avorter, les herbes aphrodisiaques, les racines hallucinogènes.

BONHEUR INDIEN

Les ethnologues, les indigénistes ont souvent parlé du « bonheur » indien. Avec leurs torses de pagayeurs, leurs bras de paysans habitués au pilon, de chasseurs aguerris à l'arc, les hommes restent longtemps d'une fraîcheur, d'une verdeur qui font plaisir à voir. Chacun semble à l'aise dans sa peau, on sent qu'il coïncide à tout moment avec lui-même. Survient le choc des cultures et l'organisation sociale des tribus est détruite, le « sauvage » est privé de ses mythes et de ses références. Qu'il s'alcoolise, et il devient vite un marginal, un clochard.

Des fronts d'« attraction » précèdent, en principe, les fronts pionniers. Des *sertanistas* de la FUNAI, c'est-à-dire des spécialistes de l'approche avec les indigènes, épient, pendant des mois, la tribu à « attirer », à contacter, à séduire. Cadeaux posés sur les branches, conciliabules à distance, valses hésitation de pirogue à pirogue, jusqu'au jour où l'indigène se laisse enfin convaincre de ne pas « flécher » les autochenilles qui passeront un jour à sa portée. C'est une fois le *sertanista* parti que tout peut arriver. Et tout arrive. En 1973, Claudio et Orlando Villas-Boas faisaient le premier contact avec une tribu du nord du Mato Grosso, les Kranhacarores. Les Villas-Boas sont les plus fameux, les plus scrupuleux des *sertanistas* brésiliens. Il leur avait fallu cinq ans d'efforts – et de drames de conscience – pour réaliser leur approche. Ils savaient qu'ils allaient troubler un ordre millénaire. Mais la route Cuiabá-Santarém allait passer par là. Il s'agissait d'amortir le choc, d'éviter la sorte de guérilla meurtrière qui oppose depuis des années, par exemple, les terrassiers de la route Manaus-Boa Vista et les tribus Atroaris et Waimiris. Un an après leur « attraction », les Kranhacarores avaient abandonné leurs cultures. Malades, alcooliques, affamés, certains d'entre eux mendiaient sur la route fraîchement ouverte. Beaucoup, depuis, sont morts.

Dans le parc indigène de l'île du Bananal, un millier de Carajás sont menacés d'extinction : ils ont tous appris à boire. Il s'agit pourtant là d'Indiens protégés, enfermés dans une sorte de sanctuaire, le parc. Ailleurs, le maître mot de la politique officielle est celui d'intégration : « le droit de vie accordé à autrui à condition qu'il ressemble à ce que nous sommes », selon la définition de Robert Jaulin. Intégrer l'Indien pour qu'il ne fasse pas obstacle, pour que le territoire s'ouvre sans problèmes aux routes et au bétail. L'Indien intégré, le Brésilien le connaît : habillé d'un short, voire affublé de lunettes noires, il vend des arcs et des flèches sur les routes touristiques. Comment en douter ? Sa cause est historiquement perdue. Pourtant, il a été un des moments, un des ferments de la conscience nationale. Au XIXᵉ siècle, il était l'ancêtre par excellence, celui dont le pays revendiquait le lignage pour affirmer son originalité contre le colon portugais. Contrairement au noir, n'avait-il pas résisté à l'esclavage ? Il était le symbole même de la résistance à l'oppression étrangère.

C'est pourquoi le Brésil a eu, pendant un temps, ses derniers des Mohicans, ses indigènes transformés en preux de chevalerie qui offraient à chaque embuscade le profil parfait, le buste impeccable des héros de bibliothèque verte. Les romans « indiens » de José de Alencar ont été la version tropicale de ceux de Fenimore Cooper. L'indianisme a été, pour le romantisme brésilien, ce que le Moyen Age a été pour le nôtre : une façon de renouer avec ses origines. Héros dans les livres, l'indigène restait néanmoins un sous-homme dans la réalité. Il n'a retrouvé un peu de son humanité qu'au début de ce siècle, grâce à l'action, à la prédication d'un militaire, le général Rondon, qui avait découvert les mérites de la pacification en douceur en posant des poteaux télégraphiques dans le *sertão*.

Aujourd'hui, l'Indien disparaît dans l'indifférence du plus grand nombre. Des ethnologues, des missionnaires, des journalistes le défendent, glorifient une civilisation où le pays a souvent reconnu une part de lui-même. Mais les Brésiliens, dans leur majorité, se soucient peu de son sort. Quand ils ne veulent pas l'oublier, ils le trouvent bien minoritaire. De quel poids peut-il peser au regard de l'hinterland humain brésilien ? Tant de problèmes d'alimentation, de santé, d'éducation restent à résoudre avant de s'intéresser aux derniers sauvages amazoniens, hochet ethnographique pour les nations surdéveloppées, parce qu'elles sont sorties, depuis longtemps, de l'enfance.

Amour paternel dans le Xingu

*Niemeyer en état de grâce : le palais présidentiel de l'Alvorada
et les deux coupoles du Congrès*

CAPITALE DES SABLES

Brasilia, c'est Ouargla : une citadelle dans le désert. Sur la steppe rouge du Planalto central, où les arbres ne poussent qu'à contrecœur, Brasilia est une ville retranchée, une capitale solitaire, loin, très loin, du Brésil utile, du pays réel. Bâtie par des disciples de Le Corbusier, elle a été soumise à la rigueur, à la raideur calvinistes du vieux maître, pas du tout dépaysées sur ces terres hautes et sèches, où l'air plus rare, plus âpre dans la bouche suggère la discipline des remparts. Brasilia tracée au compas, au cordeau, à la chaîne d'arpenteur. Sans rues, sans avenues, avec seulement des « axes » : d'immenses perspectives qui ne donnent, au nouveau venu, que le sentiment de son insignifiance. Et qui découragent à l'avance toute improvisation, toute effervescence. Partout la vie prise au piège des *superquadras*, ensembles moléculaires qui ne semblent abriter que de « petits, petits fonctionnaires sans avenir ».

Aux yeux des militaires, Brasilia est devenue une capitale idéale : elle possède le plus haut « indice de sécurité » du pays. Deux sorties routières, un aéroport, l'ennemi intérieur facile à repérer et à quadriller s'il lui prenait la fantaisie de sortir du terrier où la « révolution » de 1964 lui a appris à se tapir. Et puis, quelle ville logique, quelle ville rationnelle ! Ailleurs, le Brésil est profusion (de végétal ou de pierre), prolifération, arborescence, incandescence. Quand il est fatigué de trop germer et trop croître, il est aussi macération, engourdissement, accroupissement. C'est le pays de la tractation et de la reptation, de l'enjolivure et de la frisure, où le chemin le plus court d'une idée, d'une beauté à une autre passe par la courbe. Dieu n'aime que les courbes.

Les hommes qui ont fait Brasilia ont cru, avec tant d'autres, aux bienfaits de la ligne droite, de la géométrie pure. Ils se sont insurgés contre l'éternel appel des tropiques – du bonheur sous les palmes. Ministères, hôtels, banques, les voilà dressés dans l'orgueil de leur efficience et de leur utilité : parois lisses qui n'accrochent que les reflets du ciel, ou du voisin. Monolithes alignés comme à Carnac, mais qui n'ont rien à cacher sous leurs racines. Zones du dormir et du divertir, quartiers du commerce et du sport, différenciés par le zonage, qui a mis chaque chose et chacun à sa place. Il n'est pas jusqu'à la séparation du piéton et de la voiture, par autostrades et passages superposés – dont Brasilia a été une des pionnières – qui ne symbolise la société sans conflit (donc sans classes!) à laquelle tout général à quatre étoiles aspire pendant son temps de garnison, et qu'il décrète établie une fois arrivé au pouvoir.

Lucio Costa et Oscar Niemeyer rêvaient d'une cité, sinon égalitaire, du moins propre à la coexistence sociale, où chacun aurait sa part de l'espace collectif. Ils rêvaient – leur temps était celui des rêves – de changer la vie, en changeant la ville. C'est contre leur projet de départ que Brasilia a résisté aux effets de la capillarité sociale, expulsé ses pauvres vers les baraques des cités-satellites (où habitent 60 % de la population), et s'est transformée en machine à habiter pour « middle class » – miroir déformant tendu aux gouvernants qui vivent ici dans l'illusion d'un pays sans usines, sans troubles et sans fièvres, préservé, par l'absence de vie culturelle, des miasmes du « grand chambardement ». En revanche, les fondateurs de Brasilia voulaient une ville « concise », planifiée, fonctionnelle ; sortis de Rio et de son bain turc, ils souhaitaient qu'on y travaille. Ils ont réussi. Le pays mulâtre est sorti de ses hamacs et il obéit aux règles d'ordre et de ponctualité d'une capitale qui enchante ses habitants parce que la productivité, disent-ils dans une interview, « y est trois fois plus grande que sur la côte ».

L'idée de Brasilia vient de loin. Pratiquement réduit à ses franges coloniales, le Brésil savait depuis longtemps que sa politique du « face à la mer » l'empêchait de conquérir sa nationalité. Il n'avait fait que des incursions en lui-même : affamés de pépites, chasseurs d'Indiens qui se sont enfoncés, au cours des siècles, dans le « lointain intérieur », ont ouvert les montagnes du Minas Gerais à la civilisation, taillé des clairières missionnaires dans la forêt amazonienne. Les deux premières capitales sont des ports : Salvador jusqu'en 1763, Rio jusqu'en 1960. A peine Rio commence-t-elle à bâtir ses premiers palais qu'elle est déjà jugée trop excentrique : dès le XIXe siècle, les regards se tournent vers le Goiás pour fonder la future capitale, créer un point d'équilibre dans l'espace national, une base de départ vers la conquête de l'Ouest, de l'immense virginité verte qui encombre les cartes.

La première Constitution de la république, en 1891, prévoit Brasilia. Mais soixante-dix ans de commissions d'enquête et de fausses premières pierres seront encore nécessaires avant que

D'autres quadras : la cité-satellite « Nucleo Bandeirante. »

Kubitschek n'inaugure la « Novacap », surnom donné à la nouvelle capitale, qui laisse à Rio celui, tant envié, de « Belacap ». De 1957 à 1960, la ville est construite en un temps record. L'époque est à l'optimisme. Tout gonflé de la sève qui sort de ses laminoirs, le Brésil commence à croire à son destin, et permet à ses visionnaires d'annoncer la révolution et la fête. Les prophètes de Brasilia sont progressistes : ils veulent abolir le hasard, rendre l'homme heureux, presque malgré lui. Mais ils sont d'abord Brésiliens. Quand ils arrivent sur le Planalto, c'est le langage des « bandeirantes » que, d'emblée, ils retrouvent.

Occupation du territoire ; volonté de puissance : ces deux angoisses existentielles du Brésil sont au cœur de l'urbaniste Lucio Costa, lorsqu'il écrit de la nouvelle capitale qu'elle doit être un « acte de possession » et quand, ajoutant le sacrement missionnaire à l'aventure territoriale, il l'imagine à la semblance d'un « signe de croix ». L'espace qui l'entoure et pourrait le paralyser, il entend l'apprivoiser et en réinventer,

*La cathédrale
et ses anges*

au besoin, tous les signes. Brasilia a la forme d'une croix, mais aussi d'un avion, dont l'axe principal sépare les deux ailes, nord et sud. Elle a été conçue comme une « planète » autour de laquelle gravitent neuf cités-satellites. Les deux coupoles de son Congrès, l'une tournée vers le ciel, l'autre vers la terre, symbolisent les deux positions du soleil, levant et couchant. Des sculptures s'appellent « Meteore », « Ère spatiale ». « Cinéspatial » est le nom d'une des salles de la ville. C'est un trait du tempérament national, que d'être toujours à l'aise dans l'immense, sans complexes devant le vide, ou l'infini. « Brasilia, a écrit la romancière Clarice Lispector : l'endroit où l'espace ressemble le plus au temps. »

Certes, quand Niemeyer multiplie les cités « radieuses », il ne fait que des cités ennuyées. Mais dès qu'il aborde le monumental, le voilà touché par la grâce. Avec lui, solennel n'est plus synonyme de « stalinien ». Tous ses palais – Alvorada, Planalto, Itamaraty – sont dépourvus de pesanteur et de superbe ; ils semblent jaillir du sol, en appuyant leur masse sur des arches ; ils traduisent un élan, plutôt qu'une certitude. Posée comme une gerbe sur le gazon, sa cathédrale n'a pas été conçue pour écraser les fidèles, mais pour les faire participer d'une même éclosion. Taillé dans le brut, pyramide sans sommet, son théâtre a l'air d'un minerai arraché à la terre, et qui veut encore lui appartenir. Beauté des vérités commençantes, formes jetées comme un cri, volonté de s'installer, comme chez soi, dans l'univers : on comprend que les Brésiliens, s'ils n'aiment pas tous y vivre, se reconnaissent dans leur capitale. Passées les premières illusions libertaires (immeubles « libérés » du sol, unités urbaines « libérées » de la rue, piéton « libéré » de la voiture) ils constatent que Brasilia a rempli sa fonction d'espérance : des centaines de milliers de paysans ont quitté leurs pouilles du Goiás, du Minas Gerais, de Bahia, pour se chauffer au grand soleil cubiste. Quinze ans après sa fondation, la ville et ses satellites comptaient sept cent soixante mille habitants. La route tracée jusqu'à Belém, en pleine savane, a aspiré un million de sans-chemises qui ont fait surgir sur ses bords un nouveau paysage de western.

Brasilia n'est pas devenue « la plus belle ruine du XXᵉ siècle », comme le prévoyaient les sarcastiques. Mais les futurologues se trompaient aussi, qui voyaient en elle une « cité futuriste ». Aujourd'hui, les urbanistes savent qu'ils n'ont plus rien à attendre de Brasilia, qui leur pose trop de questions dont ils connaissent d'avance les réponses : peut-on vivre d'espace ? Peut-on vivre sans conflits ? Peut-on supprimer la rue, c'est-à-dire la promenade, priver le citadin, une fois dehors, de l'occasion de faire son miel ?

Ce sont là des interrogations, dira-t-on, pour citadin perverti par l'entassement – humain, trop humain – des anciennes métropoles. Brasilia est d'abord un symbole : celui de l'État tout-puissant, changé par les militaires en Être suprême, inaccessible aux intrigues régionales et aux clameurs sociales. Hors de son axe monumental, une sorte de « monstre froid » poussé sous les tropiques, où l'en-soi et le pour-soi régissent la vie quotidienne, alors qu'ailleurs le Brésil connaît une « convivialité » hardie et heureuse. Une ville volée à l'utopie, et transformée par les nouveaux maîtres en forteresse.

La sculpture en fête :
Meteore ▽ Ère spatiale, la « pince à linge », ▷
Les Guerreiros

Ouro-Preto, matrice du Brésil brésilien.

PAU-BRASIL

LE SUCRE

LES MINES

LE CRI

L'EMPIRE

MARIANNE

A deux pas de Rio, la forêt de Tijuca montre ce qu'était le Brésil lorsqu'il fut surpris dans son innocence : une prison végétale, peuplée de lianes et de cris, où l'homme ne s'aventure que pour s'enliser. Pourtant, quand il décrit le pays en 1578, Jean de Léry, huguenot de Genève, en parle comme d'un paradis... « de bon air et bonne température, où l'on vit en parfaite santé, insouciance et nudité ».

Bien sûr, les habitants de ce paradis – on les appelle Cannibales ou Tupinambas – mangent leurs ennemis après les avoir engraissés, mais Jean de Léry juge la chose en philosophe. Avec quatre siècles d'avance sur Robert Jaulin et l'ethnologie nouvelle, il considère qu'en fait d'anthropophagie, l'Europe a déjà tout inventé.

Après lui, le mythe du « bon sauvage » connaîtra une longue fortune romantique. De l'origine des premiers Brésiliens, on sait peu de chose. Étaient-ils un million, trois millions à l'arrivée en 1500 de Pedro Alvares Cabral, le *descobridor?* (découvreur). Les estimations varient. Les plus beaux vestiges archéologiques ont été trouvés dans l'île de Marajó, à l'embouchure de l'Amazone : il s'agit de céramiques fabriquées par des Indiens venus des Andes ou des Caraïbes.

On sait, en tout cas, que les indigènes du Brésil n'ont pas pu opposer à l'envahisseur portugais l'armature économique et guerrière symbolisée, ailleurs, par la pyramide du soleil et la forteresse de Macchu-Picchu. Ils vivaient comme vivent aujourd'hui les derniers groupes amazoniens : à l'âge de pierre, en façonnant leurs flèches et leurs harpons avec des dents de piranha, pour trouver dans les fleuves et sur les arbres l'essentiel de leur subsistance. Joyeux, certes, avec le goût des masques, des parures en plumes de *arara*, des colliers en dents de singe, et s'il faut en croire les premiers missionnaires (faut-il les croire ?) avec un penchant effréné pour la luxure.

Au début, les Portugais sont déçus par leur conquête. Venues chercher de l'or, leurs caravelles repartent avec des perroquets. Ils s'intéressent pourtant à un arbre, le *pau brasil* – le bois de braise – qui permet de teindre en rouge les tissus des Flandres et donne son nom à la colonie. Pendant un siècle, ils disputent ce bois aux corsaires de Dieppe et de Honfleur : petite guerre franco-portugaise que le cinéaste Nelson Pereira dos Santos a racontée, avec drôlerie, dans *Comme il était bon mon petit Français!* Si le Portugais a finalement le dernier mot, c'est parce qu'il sait se répandre et se fixer sur la côte atlantique.

Les deux premiers points d'appui de la colonisation sont Recife, au nord, et au sud São Vicente, d'où les soldats partent à la recherche, contre les Espagnols, d'une frontière méridionale. Les jésuites arrivent en 1549 dans les fourgons du gouverneur général Tomé de Souza, qui fonde Salvador dans la « baie de tous les saints ». Ils baptisent les « sauvages », encouragent les croisements avec les Indiennes – unions souvent forcées d'où naît une race de métis qui seront de parfaits « harkis » pour l'occupant.

Armés de l'épée et de la croix, les colons remontent le fleuve São Francisco et créent dans les cailloux du *sertão* les premiers *latifúndios* d'élevage. Incapable d'administrer sa possession, la Couronne la divise en une douzaine de capitaineries héréditaires, qu'elle confie à ses meilleurs chefs militaires, lesquels battent monnaie, prélèvent l'impôt, jouissent d'une autonomie et d'un pouvoir quasi absolus. Voilà le pays constitué en féodalités dont la trace survivra jusqu'au XXe siècle.

LE SUCRE

La première grande richesse du Brésil, celle qui l'installe dans sa « vocation » de fournisseur mondial de matières

*La canne à sucre,
comme il y a 3 siècles.*

premières, c'est le sucre. Les Portugais plantent la canne avec succès dans les terres grasses, violettes des côtes du Nord-Est. La nouvelle plante devient vite « anthropophage », selon le mot de Josué de Castro, et remplace toutes les autres cultures. Dès le XVIIᵉ siècle, le Brésil est le premier producteur mondial de sucre – place qu'il a perdue par la suite, avant de se hisser à nouveau ces dernières années aux tout premiers rangs, puisqu'avec huit millions de tonnes par an (1975) il est seulement devancé par l'Union soviétique.

Chars à bœuf aux roues de bois plein, faucheurs en guenilles et sous-alimentés, dualité de la *casa grande* – la maison des seigneurs – et de la *senzala* – celle des esclaves : ce n'est pas une estampe du musée du sucre, à Recife, mais la réalité, à peine modifiée en trois siècles, des plantations du Pernambouc ou de l'Alagoas. Comme au temps de la colonisation, la terre, les étangs, les chemins, même les écoles appartiennent à un seul homme : hier au *senhor de engenho*, le maître de moulin, aujourd'hui au propriétaire de l'usine.

Au bord des chemins, les travailleurs de la canne vivent dans des cases de boue et de lianes, sans un meuble, sans un crucifix : bien qu'ils l'aient construite, la case ne leur appartient pas. Pas de bétail non plus, ni de cultures permanentes : ils enracineraient l'homme à la terre, et le *senhor* ne le veut pas. Les familles – huit, dix enfants – se lavent dans les étangs, si le *senhor* le permet, font leurs besoins dans les buissons et vivent de sardines et de manioc. Avec l'industrialisation, le paysan s'est prolétarisé, il a été réduit à son salaire. Plus qu'hier encore, la canne « dévore » toutes les terres disponibles.

C'est le sucre qui a donné naissance à ce que Gilberto Freyre a appelé la société patriarcale, matrice de la civilisation brésilienne. Dès le départ, cette société repose sur l'esclavage. Comme les Indiens chasseurs d'oiseaux font une piètre main-d'œuvre (quand ils ne se suicident pas, ils désertent), ce sont les paysans-forgerons du Soudan, du Nigéria, de l'Angola qui sont utilisés dans les plantations. Le trafic du bois d'ébène commence dès le XVIᵉ siècle. Au cours des deux siècles suivants, cinq à dix millions d'esclaves noirs entrent au Brésil.

Le planteur portugais n'a pas, à l'égard de ses serfs, les

répugnances des Américains du Nord. L'épouse blanche ferme les yeux sur les ébats du maître de moulin avec ses négresses préférées, qui apportent au pays sa troisième composante raciale. A côté du seigneur alourdi par l'usage des pâtes de fruits, incliné à la paresse voluptueuse des tropiques, le mélange racial peuple l'*engenho* de figures pittoresques, depuis la « maman noire » jusqu'au négrillon frère de lait du blanc. Il faudra pourtant un décret du Saint-Siège pour reconnaître au nègre la qualité d'homme...

LES MINES

Sabará, Serro, Ouro Preto : petites villes baroques du Minas Gerais, étagées à flanc de colline, sous des cieux chargés d'averses. Dans leurs églises, les anges et les saints sont souvent peints de couleurs voyantes. On gratte avec l'ongle : l'or apparaît. Encore aujourd'hui, des pépites affleurent sous la pioche paysanne. Ce sont les trésors qu'enterraient les esclaves employés dans les mines du XVIIIe siècle, après les avoir cachés « sous leurs aisselles ou dans leurs rides » selon l'historien Pandia Calogeras. L'église Sainte-Iphigénie, à Ouro Preto, a été construite grâce aux poussières d'or que les « dames » emprisonnaient dans leurs cheveux, et déposaient en offrande dans l'eau des bénitiers...

Apôtres de Congonhas, sculptés dans la « pierre-de-savon » par l'Aleijadinho, théâtre en bois de Sabará, avec ses galeries à l'italienne, couvents et chapelles de Diamantina – chefs-d'œuvre d'un peu partout – aux toits courbes comme ceux des pagodes : autant de vestiges du cycle de l'or, qui a succédé à celui du sucre, d'une civilisation qui n'a pas duré plus d'un siècle, mais qui a poussé le luxe jusqu'à importer ses soies de Macao et ses perruques de Versailles. C'est en 1696 qu'est faite la découverte tant attendue : des aventuriers partis de São Paulo derrière la *bandeira*, le drapeau, qui ont remonté avec leurs mulets les vallées du Brésil intérieur, trouvent les premières pépites dans le lit d'une rivière – bientôt ce sera les premiers diamants. Ils appellent Minas Gerais (Mines Générales) cette région qui inaugure le « western » brésilien.

*Ce qui reste du cycle de l'or
(mine près de Mariana)*

De tous côtés les *bandeirantes* affluent et se disputent les filons à coups de feu. Les esclaves sont arrachés aux plantations de canne à sucre et l'économie du Nord-Est entre en décadence. La ruée vers l'or brésilien ouvre au peuplement deux millions de kilomètres carrés, jusqu'au Mato Grosso. A l'aube de l'indépendance, la région des Mines est la plus habitée du Brésil, avec 460 000 hommes libres et 168 000 esclaves. Rio de Janeiro, qui embarque les minerais, remplace Salvador en 1763 comme capitale.

Mais la Couronne est vorace. Elle exige des prospecteurs un tribut annuel de 1 500 kilos d'or et lâche ses soldats quand le quota n'est pas respecté. Tout au long du XVIIIe siècle, la râlerie fiscale rampe dans la province, des révoltes éclatent – noyées dans le sang. En 1789, un complot est préparé par un groupe d'intellectuels que la philosophie des lumières et l'émancipation nord-américaine ont beaucoup impressionnés. Ils songent à soulever la capitainerie, préparent même le drapeau d'une future république : un Indien qui brise ses chaînes. Mais la conjuration échoue. Son chef, Tiradentes, est pendu et dépecé sur la place publique. Le Brésil, qui a appelé *inconfidentes* ces « infidèles » à la Couronne, a reconnu en eux les premiers héros de la lutte pour l'indépendance.

Un siècle et demi après, autre *inconfidência* : des avocats et des intellectuels de Belo Horizonte signent en 1943 un manifeste contre la dictature de Vargas. Au long des âges, les *mineiros* ont gardé leur passion pour la liberté, pour l'indépendance. Politiques-nés, ils sont connus pour leur modération, leur réalisme, leur art de ne dire « ni oui, ni non, bien au contraire ». Pour leur conservatisme aussi. Prudents comme des Normands, économes comme des Auvergnats. Pourquoi, dans les salles à manger du Minas, les tables ont-elles des tiroirs ? Pour cacher la nourriture quand un visiteur arrive, raconte une méchante anecdote. Le *mineiro* type, c'est Magalhães Pinto, banquier, ancien gouverneur et ancien ministre, sénateur. *Lider* civil du coup d'État de 1964, il a su, par la suite, naviguer dans le courant libéral du régime, avant de faire dissidence quand il a estimé que le temps des généraux était fini. Entre sa réserve feutrée, et l'optimisme d'un Kubitschek, *mineiro*

célèbre, il y a un trait commun : l'habileté à unir les contraires, la passion de concilier les inconciliables.

« Le mineiro est un être de permanence et de tradition, écrit Guimarães Rosa. De tolérance et de tempérance. Un homme qui épie, écoute, interroge. Qui tarde et s'attarde, atermoie et louvoie. Un silencieux, un pensif, un attentif, qui sait s'esquiver, biaiser, s'excuser, palabrer, entortiller. Mais le moment venu, il sait aussi comprendre, il sait s'y prendre, il sait aller de l'avant, lutter, réaliser. »

Aujourd'hui, le fer a remplacé l'or. Il est partout à fleur de terre, au sud de Belo Horizonte, la capitale construite à la fin du XIXe siècle pour remplacer Ouro Preto, à l'étroit entre ses rochers. Des montagnes entières sont raclées jusqu'à l'os pour l'exportation d'un minerai dont le Brésil est devenu, après l'Australie, le principal exportateur du monde.

LE CRI

C'est par un cri que l'indépendance du pays est proclamée. A São Paulo, entre la place du Monument et le musée Paulista – et aussi entre quelques autoroutes – une auberge-musée rappelle que c'est là, sur les bords du ruisseau Ipiranga (aujourd'hui enterré) que Pedro Ier a crié, le 7 septembre 1822 : « L'indépendance ou la mort ! » Pour fuir les troupes de Napoléon, João VI du Portugal s'est réfugié à Rio en 1808. Il a fait traverser l'Océan à toute sa cour, soit quinze mille hommes qui trouvent à la perle tropicale, avec ses ordures dans les rues, un « air de porcherie ».

En dix ans, Rio se transforme : palais, bibliothèques, Collège de médecine, École des beaux-arts, Académie militaire naissent sous les palmes, dans une débauche de gaufres et de tarabiscotages. La colonie s'européanise, se pénètre des influences maçonniques, ses ports s'ouvrent au commerce avec les Britanniques, qui obtiennent un régime léonin pour leurs marchandises, ce qui bloquera longtemps l'industrialisation. Déjà elle dépasse en nombre d'habitants le Portugal, « fatigué d'être petit ». Elle est prête à prendre le large.

*Congonhas :
église à volutes, les douze
prophètes
de pierre.*

Le mouvement d'indépendance part des trois provinces en ascension : Rio, Minas, São Paulo. Il est favorisé par les provocations de la Couronne, mais c'est tout de même un Portugais, Pedro Ier, fils de João VI, qui le mène à son terme. Pas de guerre de libération. Pas de peuple dans les rues. Pas d'éclatement territorial, comme ailleurs en Amérique. L'indépendance est instaurée sans violence, d'en haut... à la brésilienne.

Société féodale, le Brésil indépendant se donne un régime parlementaire. Pays d'esclaves, il détaille dans sa première constitution les libertés du citoyen et l'équilibre à respecter entre les trois pouvoirs. De tels paradoxes nourriront les crises qui ébranleront plus tard la république. Le règne de Pedro Ier tourne court. Il doit abdiquer en 1830. Les Brésiliens le trouvent autoritaire – et trop portugais, en fin de compte. Le chapeau de paille créole devient le signe de ralliement des libéraux qui se disent en même temps « nativistes ».

Alors le grand corps se met à craquer. Sabinade à Bahia, Balaiade au Maranhão, Cabanagem dans le Pará : autant de noms exotiques pour des révoltes qui tiennent souvent du banditisme, et tendent à la sécession. La menace la plus sérieuse vient du Sud, où des sans-culottes gauchos, les *Farrapos*, prennent les armes au nom des libertés locales. Commence dans le bassin de la Plata une série de conflits qui débouchent sur une guerre avec le Paraguay, dont le dictateur, Solano Lopez, a envahi le Mato Grosso « pour rectifier une erreur de découpage ».

Il faudra quatre ans aux officiers brésiliens pour arriver en 1869 à Asunción. Assaillis par les fièvres de la jungle, coupés par la distance de leurs sources d'approvisionnement, ils découvrent leur unité, en même temps que l'incompétence de l'arrière et de la classe politique. Ce sera leur dernière guerre, mais la leçon ne sera pas oubliée.

L'EMPIRE

Le second Empire ressemble un peu au nôtre. Si les Anglais inondent le pays de leurs produits, la France est

Comme à Paris, ou comme en Normandie : palais de Cristal, hôtel Quitandinha à Petropolis.

alors le modèle culturel, dont on copie, ou importe tout ce qu'on peut : les maîtres à danser et les boutiques de mode. Seuls les sorbets sont fabriqués avec de la glace... achetée aux États-Unis !

Monté sur le trône à l'âge de quatorze ans, Pedro II est un admirateur de Pasteur et de Victor Hugo et il s'inspire, pour sa cour, des bals et des costumes en vogue sous Napoléon III. Il est si peu tropical que c'est à Petrópolis qu'il passe ses étés. A soixante-dix kilomètres de Rio, dans la *serra* des Orgues, Petrópolis a un climat plus frais, plus européen que celui de Rio. On y voit encore aujourd'hui un palais de cristal qui a l'architecture métallique du Grand Palais, et une construction, appelée Quitandinha, qui est une curieuse réplique de l'hôtel Normandie de Deauville.

Sous l'Empire, la presse bénéficie d'une liberté qu'elle a rarement retrouvée depuis. Elle est même libre de forger le mot d' « impérialisme » pour protester contre les excès d'autorité de Pedro II, qui se contente pourtant de faire alterner, sagement, conservateurs et libéraux au gouvernement. Le baron Mauá est le baron Haussmann du régime : il ouvre des fonderies, des chantiers navals, des banques, des compagnies de navigation, crée le premier chemin de fer. Mais son activité – prodigieuse – est celle d'un homme, non du pays. Le pays, lui, reste un immense *sertão* arriéré. Sans voies de communication, sans énergie, sans industrie.

Comment gouverner un tel monstre, certes unifié par la langue – il n'y a pas de dialectes régionaux – mais cloisonné par les distances ? Pedro II atermoie, choisit la prudence, diffère les réformes. L'esclavage le révolte, mais il tarde à le supprimer. Dans les *fazendas* de coton, de café, de cacao, les noirs continuent d'être « les pieds et les mains » des seigneurs. Le trafic négrier cesse peu à peu, sous la pression internationale. Il faut attendre 1888 pour que la loi d'Or décrète enfin l'abolition.

Trop tard. Les militaires ont eu le temps de s'impatienter, tandis que les *fazendeiros*, lésés dans leurs intérêts, retirent leur soutien à l'Empire. Un an après, la République est proclamée. Elle l'est « au nom du peuple », mais le peuple, une fois de plus, est absent. Un lieutenant-colonel, Benjamin Constant, et un maréchal, Deodoro da Fonseca, sont les artisans d'un coup d'État qui surprend Pedro II alors qu'il n'a déjà plus de goût pour les « affaires ».

Rejetés par la classe des « bacheliers », ulcérés du rôle qu'on leur a longtemps fait jouer, celui de chasseurs d'esclaves fugitifs, les militaires ont développé, tout au long de l'Empire, un actif complexe d'infériorité-supériorité. Le positivisme, et sa religion « scientifique » de l'humanité, les a séduits. Ils croient à la république dictatoriale d'Auguste Comte, d'autant qu'elle réserve à l'armée une mission régénératrice.

Impatients devant les retards de l'agriculture et de l'industrie, révoltés par les fraudes électorales, les militaires interviennent pour « purifier » le pays – déjà! – du verbiage et de l'inefficacité des politiques. Deux jours après la proclamation qui s'est faite, comme l'indépendance, sans effusion de sang, Pedro II s'embarque le 17 novembre 1889 pour Paris, si cher à son cœur. Le « grand Brésilien » s'exile sans rancœur, en formant des vœux de prospérité pour son pays...

MARIANNE

Une Marianne au bonnet phrygien, des maroquins de cuir vert, un fanion frappé du triangle maçonnique, des présidents barbus, au col cassé à la Fallières : ce n'est pas l'Élysée au temps du radical-socialisme, mais le palais du Catete, à Rio, musée d'une république qu'il a abritée pendant soixante ans. Cette façade européenne, ornée de la devise d'Auguste Comte, « Ordre et Progrès », cache mal, au début du XXe siècle, les réalités d'un Brésil rural, féodal, livré à la fraude et à la corruption.

Les chefs politiques de l'intérieur, les « colonels », apportent les voix de leurs clientèles au candidat de la *situação*, c'est-à-dire du pouvoir. Le candidat à la présidence, lui, est choisi à tour de rôle par les deux États les plus influents, São Paulo et Minas Gerais, qui représentent les fortunes du café et de l'élevage. C'est la politique, restée célèbre, du « café au lait ».

Premiers messagers des classes urbaines, apôtres de l'industrialisation, les militaires se soulèvent à plusieurs reprises contre la « gueuse » et l'achèvent en 1930, en portant à la présidence un *gaúcho* au menton carré qui mâche un éternel cigare : Getúlio Vargas. Seul *caudillo* que le Brésil ait connu, Vargas n'en a guère les apparences : il est froid et volontiers cynique. De ses adversaires, il dit qu'il préfère les « corrompre que les mettre en prison ». Il usera des deux méthodes à la fois et incarnera à la perfection le pragmatisme, le tempérament anti-idéologique du pays. « Un caméléon », dit de lui l'historien Thomas Skidmore. Il n'a pas tort.

Vargas implante en 1937 l'*Estado Novo*, copié sur l'État corporatiste du *doutor* Salazar, mais jette en prison les « chemises vertes » de Plinio Salgado. Il flirte avec l'Axe jusqu'en 1942, puis fait sa cour à Roosevelt, et la guerre se termine avec des Brésiliens combattant, en Italie, aux côtés des Américains. Pour garder l'armée avec lui, il agite la « menace bolcheviste » et condamne à l'illégalité un parti communiste qui a eu l'imprudence, en 1935, de hisser le drapeau rouge dans quelques casernes. Mais dix ans plus tard, il a suffisamment viré à gauche pour que le chef du PC, Luis Carlos Prestes, à peine libéré, appelle à former un Front populaire derrière lui.

Aux yeux du peuple, qui l'adore, il est le « père des pauvres ». Il crée une législation du travail alors unique dans le continent. Mais nul mieux que lui n'a stimulé la spéculation et l'affairisme. Il fait surgir le *caboclo* (paysan misérable de l'intérieur) « dans le champ de la conscience nationale », ainsi que l'écrit Jacques Lambert. Mais il invente le *pelego*, syndicaliste marron qui sert mieux les intérêts du gouvernement, voire du patronat, que ceux des ouvriers.

Après avoir institutionnalisé la torture, bâillonné la presse, fermé le Congrès, enchaîné l'Administration, il est chassé par l'armée quand revient l'heure, en 1945, de la démocratie à l'occidentale. Mais c'est le plus démocratiquement du monde, après une élection enlevée haut la main, qu'il retourne à la présidence en 1951.

Sous son règne le Brésil se peuple de gratte-ciel, de ponts, de barrages. Les premiers hauts fourneaux surgissent en

Vargas : très disputé après sa mort.

1942 à Volta Redonda. L'État se fait entrepreneur. Et plante les premières banderilles sur l' « impérialisme » américain.

Refus d'envoyer un bataillon en Corée, création, en 1953, du monopole d'État sur le pétrole – malgré les pressions de la Standard Oil – soutien des prix du café, attaques contre les rapatriements excessifs de bénéfices : avec Getúlio, le nationalisme brésilien émerge. Mais il rencontre dans l'armée et dans le parti de la bourgeoisie libérale, l'Union démocratique nationale, de farouches adversaires. Populisme contre libéralisme. Nationalisme contre *entreguismo* (ouverture au capital étranger). La vie politique se fait par antithèses. Le 1er mai 1954, Vargas crie à la foule : « Demain, vous serez le gouvernement ! » Le 24 août 1954, épuisé, discrédité par la corruption de son entourage, il se tire une balle dans le cœur, après avoir laissé une lettre-testament dans laquelle il dénonce « la campagne souterraine des groupes internationaux » et qu'il termine par ces mots : « Je vous ai donné ma vie. Maintenant, je vous donne ma mort. »

Cette sortie shakespearienne redonne une nouvelle vie au gétulisme, dont le candidat, Juscelino Kubitschek, l'emporte à l'élection présidentielle de 1955. « Cinquante années de progrès en cinq ans de gouvernement », promet Juscelino dont le sourire « kennedien » irradie l'optimisme. Il tient parole. Il fonde Brasilia, crée l'industrie automobile, construit des routes et des barrages, dont celui des Trois-Maries sur le São Francisco, ouvre l'industrie au capital étranger, fait tourner l'économie à 7 % l'an.

Bientôt, pourtant, les prix s'emballent, la note s'allonge, et les docteurs en finances, tel Roberto Campos, réclament un plan de stabilisation capable de rassurer les créanciers de Washington. Juscelino laisse la maison sens dessus dessous à un étrange sosie de Groucho Marx, qui a choisi le « balai » comme emblème électoral : Jânio Quadros, avec qui l'UDN « pure et dure » prend pour la première fois sa revanche sur les héritiers de Vargas.

L'entente cordiale : Kubitschek avec Foster Dulles.

Trois généraux au balcon :
le président Ernesto Geisel, au centre,
entre son vice-président (à g.) et son ministre de l'armée.

LE GOUTER
DES GENERAUX

NI DOCTRINE, NI CAUDILLO

LES DEUX BRÉSILS

L'HOMME AU BALAI

LA GAUCHE AU POUVOIR

SÉCURITÉ ET DÉVELOPPEMENT

1968, LA AUSSI

LES MALABARS

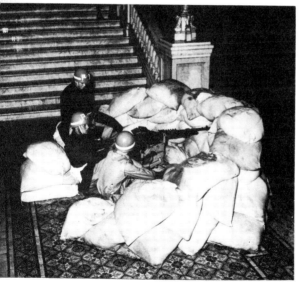

Depuis 1964, le pays de la « nonchalance », de la « tolérance » sue sang et eau sous la badine des militaires. Entre le Brésilien tel qu'on le dit – conciliant, affectif, peu porté aux aliénations des sociétés industrielles – et le régime des généraux à quatre étoiles, la discordance est totale. Difficile, en outre, à expliquer. La main de fer sur un peuple trop mou ? Ou bien – explication plus rassurante – la suppression de la démocratie dans un pays où elle n'a, en fait, jamais existé ?

Le Brésil d'avant 1964 n'était pas si différent, dans ses profondeurs, de celui d'aujourd'hui. Sa structure a toujours été élitiste, paternaliste, autoritaire. Le *fazendeiro* avec ses paysans, le patron avec ses ouvriers, le chef politique avec ses « clients », la classe militaire avec la classe politique, à tous les niveaux, les relations étaient de tutelle et de dépendance. Le jeu démocratique n'existait pas pour près de la moitié de la population, privée du droit de vote parce qu'analphabète. La tolérance n'était que de surface. Une bonne qui avait volé sa patronne était torturée par la police comme le sont aujourd'hui – technologie en plus – les « subversifs ». Mais le pays avait au moins le droit de vivre ses conflits. Il avait la liberté de se chercher, d'explorer les transformations possibles. Les militaires sont arrivés, et ont mis l'histoire entre parenthèses. Une histoire, d'ailleurs, qui s'est toujours accomplie sans violences majeures. Sans doute aura-t-il manqué au Brésilien d'être vraiment agressif.

NI DOCTRINE NI CAUDILLO

Étrange dictature que celle des généraux. Elle ne repose sur aucun caudillo, sur aucune doctrine, sur aucun parti de masses. Quand elle célèbre son anniversaire, le 31 mars, c'est sans fanfares. Elle n'enrégimente personne, n'a jamais fait de vrais efforts pour se populariser. Mieux même : elle s'est toujours présentée comme provisoire, comme destinée à rétablir la « normalité institutionnelle ». Que son chef, choisi pour cinq ans, apparaisse à la télévision, et voilà que se creuse davantage la distance entre le pays officiel et le pays réel. Les Brésiliens aiment le discours, l'émotion, la passion : or le général-président ne leur sert, d'une voix monocorde, que des statistiques sur les taux de croissance et la balance des paiements. Longtemps, le régime est apparu à l'abri des fractions et des factions. La rotativité des charges interdit la personnalisation du pouvoir. Personne n'est général plus de douze ans et aucun général ne peut rester plus de quatre ans au même poste. Les présidents sont choisis après consultation du haut commandement de l'armée et reçoivent leur mandat comme une mission.

Des Brésiliens satisfaits devant l' « ordre » régnant, il y en a, bien sûr : les cadres dont les salaires égalent, voire surpassent, ceux de leurs homologues américains ; les affairistes ; les *classes media* rassurées, choyées, flattées dans leur chauvinisme par la volonté de puissance des nouveaux maîtres. Pourtant, le Brésil n'est pas un pays totalitaire. Hétéroclite dans sa géographie et dans son développement, il ne se prête guère à une massification politique de type fascisant. Une société au tissu trop lâche, peu préparée aux disciplines collectives, et une intelligentsia imprégnée de libéralisme occidental : ce sont là des obstacles sérieux à l'endoctrinement. Et de fait, l'incrédulité, l'ironie n'ont guère déserté les Brésiliens quand ils ont perdu, une à une, leurs libertés. Empêchés de militer, ils ripostaient par l'humour : Millor Fernandes, Ziraldo brocardaient le « système » dans des dessins qui faisaient mouche. Empêchés de brocarder, ils ont mis, avec Chico Buarque, leur inconformisme en chansons. Depuis que la

Quadros-Groucho Marx
Les trois derniers présidents élus :
De dr. à g. : Juscelino Kubitschek,
Jânio Quadros,
João Goulart.

subversion violente leur a été interdite, ils sont passés maîtres dans l'art de pratiquer la subversion... douce.

Les militaires veulent faire du Brésil une grande puissance. Pour y parvenir, ils ont fait abstraction du « social » et mis en veilleuse la vie politique. Les tenants de l'ordre diront qu'avant 1964, il y avait excès de politique. Ouvriers, paysans commençaient à prendre la parole, mais, mal organisés, mal représentés, ils sont allés au combat en ordre dispersé et ont vite succombé aux oligarchies en place. L'appareil de production était trop faible pour supporter les péripéties de la lutte des classes. Il tournait alors à moitié de sa capacité : il avait épuisé la première phase du processus de « substitution des importations » (celle des biens durables). Pour passer à une autre phase, il aurait fallu un gouvernement fort, et celui de l'époque était faible.

L'armée a sauvé les *empresarios* brésiliens d'une faillite qui semblait proche. Avec l'appui des « technocrates », elle a réduit l'inflation (84 % en 1964), d'abord en comprimant la demande, puis en encourageant l'épargne. Pour rassurer le capital, tant brésilien qu'étranger, elle a muselé la classe ouvrière, puis adopté une stratégie de croissance fondée sur l'ouverture vers l'extérieur : les capitaux et la technique qui manquaient au pays ont été importés, et remboursés avec l'exportation des matières premières. Le mouvement des capitaux a décuplé en douze ans, la valeur des exportations a été multipliée par six. L'État a accentué son intervention en contrôlant les prix et le crédit, en modernisant les infrastructures et l'industrie de base. Routes, télécommunications, grands barrages (Itaipu, 12,6 millions de kilowatts-heure prévus sur le Parana, à la frontière du Paraguay), mines, acier (11 millions de tonnes en 1977), pétrochimie : autant de secteurs où le régime a réussi quelques « bonds en avant ».

LES DEUX BRÉSILS

Mais à la faveur de la crise mondiale de 1974-1975, les militaires ont redécouvert la fragilité de leur modèle de développement : à exporter, ils avaient oublié le marché interne. Oublié ? Certains diront que non et affirment que le pari a été fait – cyniquement – de construire une nation pour 30 ou 40 millions de citoyens, laissant quelque 70 millions d'autres en marge. Les deux Brésils décrits par Jacques Lambert ne sont plus forcément ceux du Centre-Sud et du Nord-Nord-Est. Aujourd'hui, le Brésil moderne, sophistiqué, et le Brésil sous-alimenté, ignorant, malade, se rencontrent presque partout.

Les chiffres sont d'une éloquence sinistre : la mortalité infantile est de 105 pour mille et 60 % des décès avant l'âge de quatre ans sont dus à la sous-alimentation. Les endémies tropicales, comme la maladie de Chagas et l'esquitossomose, gagnent des régions autrefois épargnées et font des victimes par millions. La malaria et la tuberculose se portent bien. La lèpre n'est pas rare. On estime à 10 millions le nombre des dérangés et retardés mentaux.

Faim et maladies vident évidemment les écoles, où la désertion, dans certaines classes, touche 70 % des élèves. Seulement un enfant sur quatre termine ses études primaires. Officiellement, le taux d'analphabétisme a été réduit de 33 % à 22 % entre 1970 et 1974. Beaucoup, pourtant, ne croient pas à ces chiffres. Ou alors il faudrait croire à la possibilité d'alphabétiser les adultes en cinq mois, comme s'y est essayé le MOBRAL, le mouvement lancé en 1970. Même chez les partisans du régime, on est sceptique à propos du MOBRAL. Un député l'a accusé un jour de « vendre des illusions ». Émouvantes illusions d'ailleurs : les villes sont pleines de cours du soir, où portiers et domestiques dégourdissent leurs doigts sur des abécédaires. Mais sur dix alphabétisés, a-t-on calculé, neuf « régressent ».

Un bilan du régime militaire montrerait qu'il a éloigné les deux « pointes » de la société, construit un pays où le Concorde coexiste avec le chariot en bois, l'ordinateur avec le Moyen Age, la bombe au cobalt avec la sorcellerie. De temps en temps, une jacquerie, une lapidation, une révolte sauvage trahissent les frustrations, la révolte latente de ceux « d'en bas ». Les généraux sont assis sur le couvercle d'une chaudière, et ils le savent.

La crise qui a conduit les militaires au pouvoir remonte à 1961, l'année où Jânio Quadros se fait porter à la présidence contre le candidat du gétulisme. Hirsute, débraillé, Jânio n'est pas un chef d'État qui paie de mine. Mais il parle d'or, il a du « charisme ». Il s'identifie parfaitement avec les classes moyennes, surtout celles de São Paulo, dont il a été le maire, puis le gouverneur. Il a fait du balai son emblème : il veut nettoyer le pays de la corruption, de l'inefficacité, de la démagogie. Élu à droite et au centre, il gagne les sympathies de la gauche en visitant Fidel Castro, en appuyant l'admission de la Chine à l'ONU, en se rapprochant de l'URSS. Il fait d'abord passer un vent d'austérité : pour rétablir les finances, il décourage les importations, restreint le crédit, bloque les salaires. Le pays ne bronche pas. Il est sous le charme. Pas pour longtemps. Les audaces « tiers-mondistes » de Jânio lui valent les assauts de la droite et de son porte-parole, Carlos Lacerda, le « tombeur de présidents ». Ses excentricités inquiètent : il se mêle de tout, des défilés en bikini, des combats de coqs qu'il interdit. Sa démission-surprise, au bout de sept mois de gouvernement, porte un rude coup à la crédibilité de ce qu'il était censé représenter : l'exercice du pouvoir par délégation populaire. Dans une lettre au Congrès, Jânio Quadros explique son départ par des « forces terribles » qui se seraient liguées contre lui. L'humour carioca s'empare du héros déchu, connu pour son usage immodéré de l'alcool. Dans les bars, on demande une « force terrible » pour commander un whisky.

LA GAUCHE AU POUVOIR

Deuxième coup de grâce à la république républicaine : l'accession du vice-président João Goulart à la magistrature suprême. Goulart a toujours été suspect aux yeux des militaires. Les colonels l'avaient forcé à quitter le ministère du Travail qu'il occupait sous Vargas : ils l'accusaient d'avoir

placé des communistes aux postes clés des syndicats. Après avoir tenté le *golpe* pour lui barrer la route, les trois ministres militaires finissent par accepter l'héritier de Getúlio, mais sous bénéfice d'inventaire. Goulart – Jango pour tous les Brésiliens – se présente comme l'homme des réformes de base : réforme agraire surtout, dont l'idée est lancée dès le 1er mai 1962. Mais pour changer le « vieux pays », il lui faudrait un appui politique solide. Or la gauche est divisée, démagogique, imprudente. Il y a ce que les Brésiliens appellent la gauche « positive », c'est-à-dire modérée, – Celso Furtado, San Tiago Dantas, un moment chargés de l'économie – et la gauche « négative », qui s'agite au sein du Commandement général des travailleurs (CGT), de l'Union nationale des étudiants, du Front parlementaire nationaliste, des Ligues paysannes.

L'agitation au lieu de l'action, la surestimation de ses propres forces, la méconnaissance de l'adversaire : les failles de la gauche au pouvoir se retrouvent dans le gouvernement Goulart. L'effervescence des campagnes conduit les *fazendeiros* à organiser des bandes armées, avec l'appui de la CIA. Les grèves, l'inquiétude économique, les menaces au capital étranger rameutent les grands intérêts, qui s'allient à la droite politique et militaire, apeurée par la perspective d'un « coup d'État de gauche ». Dès 1963, la conspiration est armée, avec Carlos Lacerda et Magalhães Pinto, gouverneurs de Guanabara et Minas Gerais, le général Cordeiro de Farias, et Julio Mesquita filho, propriétaire du quotidien *O Estado de São Paulo*, organe de la bourgeoisie pauliste.

Le 13 mars 1964, Goulart annonce toutes ses « réformes de base » en même temps : réforme agraire (un décret exproprie les terres en friche le long des routes fédérales), nationalisation des raffineries de pétrole, promesse du droit de vote aux analphabètes et d'une légalisation du PC. Le chef de la gauche radicale, Lionel Brizzola, menace : « Si les réformes ne sont pas approuvées par le Congrès, un autre Congrès sera formé, avec des ouvriers, des paysans, des officiers nationalistes ». C'est la promesse du « coup d'État syndicaliste ». L'opposition, cette fois, descend dans la rue. A São Paulo, un demi-million de personnes font une marche « avec Dieu, pour la famille et la liberté ». Jango commet une dernière faute, fatale celle-là, en prenant le parti, contre le ministre de la Marine, d'un millier de matelots mutinés à Rio. Attaquée dans son « saint des saints » – la discipline et la hiérarchie – l'armée se met en mouvement le 31 mars 1964. Les généraux réticents sont ralliés par téléphone. Les troupes légalistes passent dans l'autre camp sans coup férir. Le « dispositif militaire » de Jango s'effondre en quelques heures. Son « dispositif » syndical se montre incapable de réagir. Comme l'indépendance et la république, la « révolution » de 1964 n'aura pas fait couler une seule goutte de sang.

SÉCURITÉ ET DÉVELOPPEMENT

Les comploteurs appartiennent à l'élite militaire, qui a fait ses classes, en compagnie de technocrates et banquiers, à l'École supérieure de guerre. C'est à la « Sorbonne » – surnom de l'école – qu'ils ont forgé leur credo résumé dans le diptyque « sécurité et développement », nouvelle mouture de la devise d'Auguste Comte brodée sur le drapeau national : « Ordre et progrès ».

La *segurança* est le Moloch qui va, peu à peu, engloutir toutes les autres valeurs du pays. C'est en son nom que sont arrêtés les syndicalistes, dissoutes les organisations de conscientisation populaire – comme le Mouvement d'éducation de base – interdites la CGT, les Ligues paysannes, l'Union nationale des étudiants, démis 10 000 fonctionnaires et 50 000 « suspects », « cassés » de nombreux parlementaires, privés de leurs droits politiques un millier de citoyens, dont Prestes, Jango, Jânio, Juscelino (Kubitschek), Celso Furtado et Josué de Castro.

Les Américains, qui ont travaillé au « coup » (le Brésil est le pays clef de la « pax americana » en Amérique du Sud), sont vite récompensés. Un mois après le putsch, les militaires rompent avec Cuba. « Ce qui est bon pour les États-Unis est bon pour le Brésil », dit le nouvel ambassadeur à Washington, le général Juracy Magalhães. En 1965, un corps expéditionnaire brésilien lutte aux côtés des *marines* à Saint-Domingue. Le nouveau régime plaide partout – mais en vain – pour la création d'une force interaméricaine de paix, police antisubversive à l'échelle continentale.

Pour le général Castello Branco, premier président « révolutionnaire », l'indépendance du pays suppose « un certain degré d'interdépendance » (avec les États-Unis). Mais l'interdépendance coûte cher : le régime s'en apercevra vite. Au bout d'une décennie, il se sentira assez mûr pour suivre une ligne plus conforme à ses intérêts. Il échange des ambassadeurs avec Pékin en 1974, abandonne Israël au profit des Arabes (pétrole oblige), flirte avec les républiques progressistes d'Afrique noire où le Brésil pense avoir une partie à jouer. « Pragmatiques », « œcuméniques », ainsi se veulent les diplomates de l'Itamaraty, qui se disent solidaires de l'Occident, mais pas au point de devenir antibrésiliens.

1968, LÀ AUSSI

Pour enrayer l'inflation, le régime joue la stagnation et contrôle durement les salaires (en un an, le salaire minimum perd 20 % de son pouvoir d'achat). Il y gâche sa popularité. Grèves, manifestations d'étudiants et d'intellectuels, fronde parlementaire conduisent la « révolution », en 1968, au bord du gouffre. Après avoir applaudi les *golpistes* de 1964 pour avoir sauvé le pays du « bolchevisme », l'Église manifeste contre le manque de libertés. Les militaires réagissent par un nouveau coup de force : ils édictent l'acte institutionnel du 13 décembre 1968 (le cinquième), qui permet au président de fermer le Congrès, de « casser » les mandats parlementaires, de déchoir n'importe quel citoyen, de démettre juges et professeurs, d'imposer la censure. Après l'acte 5, le Brésil cesse vraiment de respirer.

Toute l'histoire du régime, d'ailleurs, obéit à un scénario immuable : chaque fois que le président, pris au piège des intentions de départ, fait un pas en direction de la « normalité », il doit aussitôt reculer. Ainsi en 1965, quand Castello Branco avalise le succès de l'opposition à des élections de gouverneurs. Les jeunes turcs de l'armée, qui n'ont pas accepté cet affront électoral, lui imposent aussitôt de changer les règles du jeu : il doit dissoudre les partis, supprimer l'élection du président de la République au suffrage universel. A partir de 1966, l'ARENA et le MDB (Mouvement démocratique brésilien), créés *ex nihilo*, ou presque, sont les deux seules formations tolérées : l'un parti de gouvernement, l'autre opposition acceptée, du moins tant qu'elle est minoritaire.

Après le 13 décembre 1968, les « cassations » tombent en rafales, la censure commence dans la presse, le Parlement est mis en congé pour neuf mois, puis fonctionne comme simple Chambre d'enregistrement. Infiltrés par les indicateurs (les *dedos duros*), les étudiants sont menacés de l'exclusion ou de la prison dès qu'ils font de la politique. Il ne leur reste plus qu'à opter pour la violence, ou l'indifférence. La guérilla enlève son premier ambassadeur – celui des États-Unis – en 1969. Elle détourne les avions, attaque les banques. Un ancien député communiste, Carlos Marighela, dirige le principal mouvement clandestin, l'Alliance de libération nationale. A São Paulo, épicentre du terrorisme, militaires et policiers montent l'*Operação Bandeirantes*, l'OBAN, de sinistre réputation. Ils choisissent la barbarie au nom de l'efficacité. Ils seront efficaces : en 1970, un consul du Japon, un ambassadeur allemand et un suisse se feront encore enlever, mais les guérilleros tombent les uns après les autres. Marighela a été tué. Carlos Lamarca et Joaquim Ferreira, autres dirigeants, ne tardent pas à l'être.

LES MALABARS

L'élimination de la guérilla coïncide avec le boom économique... et l'arrivée du général Médici à la présidence. Un général qui ne sera jamais tenté par la « démocratisation ». Sa seule recette de gouvernement consiste à mettre la politique

Dom Helder Câmara en action
Le président Medici au stade

au frigidaire, et les opposants en prison, pour ne pas troubler les courbes de croissance. Ses collaborateurs inventent les projets « impact », destinés à frapper les imaginations et élever la cote du régime : le Mobral, la Transamazonienne, de prétendus plans d' « intégration sociale » ou « nationale » sont lancés avec fracas. Les Brésiliens ont un joli mot pour ces exercices publicitaires : « malabarisme ». Fort de ses huit millions et demi de kilomètres carrés et de la protection américaine, le Brésil commence à faire le malabar sur la scène internationale. Bien des Latino-Américains l'accusent d' « expansionnisme », en raison de sa pénétration en Bolivie, au Paraguay, en Uruguay, qu'il considère comme un « cordon sanitaire » indispensable. C'est l'époque où Dom Helder Câmara, archevêque de Recife, « bête noire » des militaires, parle des « trois violences » – celle des institutions, celle des révoltés, celle de la répression – et où les évêques du Nord-Est et du Centre-Ouest dénoncent, dans des manifestes publics, « le type de société, le type d'économie, le type de politique » du pays.

Le général Ernesto Geisel et son conseiller le plus proche, le général Golbery, font un essai de libéralisation en 1974. Par souci d'efficacité, plus que par conviction démocratique. Ils ont bien vu – du moins ils le disent – que le développement du pays ne peut plus reposer sur une élite et qu'il y a un lien entre démocratisation politique et élargissement du marché interne. Ils sentent le besoin de rétablir le contact avec la population, à travers la presse, les syndicats, les partis, pour que la « machine » administrative ne tourne pas à vide. Ils commencent par supprimer la censure des journaux – il leur faudra quatre ans pour compléter cette mesure. Mais la poussée de l'opposition, qui gagne des élections sénatoriales et tente de lancer au Parlement un débat sur les tortures et les disparitions de prisonniers, effraie les militaires et conduit le gouvernement à mettre au réfrigérateur ses autres projets. La « question » reprend de plus belle à São Paulo, où l'on enregistre coup sur coup deux « suicides » de prisonniers. L'opinion publique crie au scandale, et le président Geisel réagit : il limoge le général commandant la région. En 1978, il renoue – enfin – avec ses plans initiaux. Le fameux acte institutionnel numéro cinq serait supprimé. Le chef de l'État ne pourrait plus « casser » les mandats parlementaires, ni suspendre les droits politiques, ni démettre les juges, ni mettre en congé le Parlement. Il se réserverait pourtant de sérieuses garanties, sous prétexte d'état d'urgence ou d'état de siège. L'habeas corpus serait rétabli, la création de nouveaux partis autorisée.

Est-ce la *distensão* (la détente), tant de fois annoncée et tant de fois remise ? L'avenir dira si le régime est capable – de lui-même – de se libéraliser. En fait, c'est la poussée de la société qui le contraint aux réformes. Pendant toute l'année 1977, les étudiants, qu'on disait « amorphes », se sont agités à Rio, à Brasilia, à São Paulo – pour l'amélioration de l'enseignement, contre le décret-carcan qui leur interdit toute activité militante. En 1978, ce sont les ouvriers qui ont fait grève à São Paulo. La dissidence de Magalhães Pinto, leader civil du « golpe » de 1964, la grogne d'une fraction de l'ARENA, le mécontentement grandissant de la population précipitent la « révolution » vers son déclin. L'imprévisible même est arrivé : le bloc militaire s'est fissuré. En 1978, un ancien membre du haut commandement de l'armée, passé depuis un an à la retraite, le général Euler Bentes Monteiro, se présente comme candidat de l'opposition à la présidence de la république, renouvelable en mars 1979. Le général Euler est un nationaliste, un étatisant, un homme qui a découvert les injustices sociales – et régionales – quand il a dirigé la SUDENE, l'organisme de développement du Nord-Est. Appuyé par les mécontents, y compris par certains groupes militaires, il réclame la redémocratisation du pays. Le successeur choisi par le président Geisel, le général João Baptista Figueiredo, apparaît, quand à lui, comme une caricature du « système » : il a dirigé pendant cinq ans le SNI, le service de renseignement monté par les militaires pour mettre les citoyens en fiches et pour aider, dans leur travail, les inquisiteurs, voire les tortionnaires. Il a été depuis 1964 un homme des services secrets. L'opposition, donc, jubile : cette fois, c'est général contre général. Elle en rêvait depuis longtemps.

São Paulo

ONZE MILLIONS DE SQUATTERS

BELLE, COMME TOUS LES MONSTRES

CHINATOWN ET GENNEVILLIERS

LA "LOCOMOTIVE"

MISÉRABLE MIRACLE

Voici la ville de toutes les énergies, São Paulo au cœur de béton, aux pulsations d'acier, au sang de soufre et de suie. A huit cents mètres de hauteur, mille gratte-ciel dessinent son arête dorsale, couronnent d'épis et de pics l'immense tache urbaine qui prolifère, sur 13 000 kilomètres carrés, à l'allure d'un cancer. C'est Manhattan qui regarde, de son haut, les banlieues où se sont installés 9 millions de squatters. Tout y culmine, tout y pontifie : Matarazzo, Sumimoto, Ford, Itau, Hilton, Volkswagen – on ne voit là que le fuselage des hôtels, la carène des multinationales, les beffrois des banques.

Voici aussi la ville de toutes les anarchies, la ville sauvage, la capitale – par excellence – du capitalisme sauvage. Dans la forêt innombrable des tours, les viaducs, les toboggans, les tunnels, les autostrades se croisent et s'entrecroisent, pris d'un affolement vertical où le neuf trouve toujours plus neuf, qui l'absorbe et le transforme bientôt en déchet urbain. Impossible de s'y reconnaître. Il y faudrait une âme de labyrinthe. Gouverneurs et maires se succèdent et superposent, pour l'épate, leurs réalisations – si bien que São Paulo est à tout instant défaite, refaite, déchirée, retournée, accouchant aux fers des bulldozers d'ouvrages plus volumineux les uns que les autres, lesquels s'additionnent sans jamais s'assembler : ville toujours le ventre à l'air, hier pour un périphérique, aujourd'hui pour un métro, partout et toujours pour des *edificios* qu'un rien habille et que le vide menace.

Cette effervescence permanente, cette destruction et cette création continues font de São Paulo une ville sans histoire, sans mémoire, sans sédiments. Une cathédrale, *praça da Sé*, une église, *rua da Consolação*, montrent des moulures et des souillures d'un autre âge. Ailleurs, São Paulo a vingt ans, trente ans ou un jour. Comme l'écrivait Lévi-Strauss il y a vingt ans, « elle passe de la fraîcheur à la décrépitude sans s'arrêter à l'ancienneté ». La plupart des villes « racontent » leurs occupations, leurs immigrations successives. A São Paulo, le *bairro* italien du Braz, les quartiers juif et japonais du Bom Retiro et de Liberdade se sont dilués, métissés, phénomène qui n'est pas seulement pauliste, mais brésilien.

Entre toutes les villes d'Amérique, São Paulo détient certainement le record de la croissance : 25 000 habitants en 1870, 7 millions un siècle plus tard – 11 en comptant les banlieues. La vitesse est une des griseries du Nouveau Monde. Les Paulistes ont des indicateurs infaillibles pour mesurer leur vélocité : toutes les vingt-quatre heures, disent-ils, nous avons un millier d'habitants, 300 voitures, 60 immeubles, 2 kilomètres d'asphalte... de plus ! Toutes les vingt-quatre heures aussi, 48 Paulistes ne rentrent pas chez eux : ils meurent dans la rue. Vertige statistique. Sans doute, les chiffres servent quelquefois à se faire peur : la mortalité infantile a augmenté de 45 pour cent de 1965 à 1973 dans le grand São Paulo et atteint cette année-là le taux de 93 pour 1000. La presse parle de 500 000 prostituées, professionnelles ou occasionnelles ; de 600 000 enfants en état d'abandon ; de 60 pour cent des agressions commises par des mineurs. De chaque habitant, on dit qu'il n'a qu'un demi-mètre carré d'espace vert ; et on ajoute que les fleuves sont devenus des égouts, que São Paulo est la seule ville au monde où l'on « voit » l'air que l'on respire. Tout cela est tragiquement vrai. Pourtant, aucune inquiétude écologique, aucune nostalgie généalogique – « géologique » – ne semblent encore troubler la majorité des Paulistes. Venus du *sertão*, le béton les fascine. Immigrés du Vieux Monde, ils jettent, sur la terre promise, un regard meurtrier, un zèle assassin. L'espace leur appartient, et ils le taillent en pièces. L'église surgit à côté du garage, l'usine près du cime-

tière, le gratte-ciel au-dessus de la baraque, la banque près du bordel. Des millions de libertés se juxtaposent et font de São Paulo, en même temps qu'une ville hirsute, un magma en mouvement : plus elle s'étire, plus elle s'étale, moins elle s'installe. Super-polluée, super-embouteillée, tour à tour comparée à Tokyo et Chicago, la Mégalopole s'agrandit encore des scories qu'elle engendre.

BELLE, COMME TOUS LES MONSTRES

Du coup, sa laideur n'a plus de sens. Au contraire, frappée de monstruosité, elle finit par être « belle » – comme tous les monstres. Il faut la regarder du haut de la *torre Italia* : elle montre alors le plus bel ensemble « néolithique » qu'on puisse rêver. Et c'est encore la splendeur des pyramides qu'on retrouve de chaque côté du *viaduto do Chá*, tandis que partout, les autoroutes font surgir le paysage des grands

Violence en technicolor

fleuves, avec leurs enjambements, leurs appontements, leurs mugissements au long cours. São Paulo ne fascine pas seulement par sa puissance, mais aussi par ses insomnies : réveillée par ses chantiers, incendiée par ses projecteurs, elle a la fièvre que lui donnent ses foules, toujours en train de courir d'un travail, d'un plaisir à un autre. De l'usine au snack, de la banque au club, elle ne s'accorde jamais de répit, précipitée dans les paradis – et les enfers – du surtravail et de la surconsommation. Il faut qu'elle use ce qu'elle gagne, qu'elle consume ce qu'elle a amassé. Une ville à cycle court, a-t-on dit : pas seulement parce qu'elle se renouvelle à toute allure, mais aussi parce que ses habitants n'ont jamais l'air de s'économiser, parce que tous les jours ils « brûlent » leur vie.

Le mouvement, la volonté d'expansion caractérisent São Paulo dès ses origines. A 400 kilomètres de là, Rio est enfermée dans ses montagnes, elle montre, par ses palais, qu'elle a été un point d'ancrage de la civilisation portugaise. São Paulo, au contraire, est restée jusqu'au XIXe siècle la *bóca do sertão*, une sorte de campement aux portes de la brousse. Des jésuites la fondent en 1554 : d'abord établis à São Vicente, près de Santos, ils fuient l'amollissement de la « plage » pour l'air vif du *planalto* atlantique qui offre, avec ses vallées et ses fleuves, une position stratégique pour la conquête de l'intérieur.

Dès lors, l'histoire de São Paulo est une histoire « indienne ». Rapts d'indigènes, transformés en esclaves (mais ce ne seront pas de « bons » esclaves). Agriculture de nomades qui abattent les arbres et mettent le feu aux sols – technique transmise jusqu'à nos jours et qui commence à faire du Brésil oriental un désert. Guérillas incessantes qui entretiennent, à coups de flèches et de mousquetons, une combativité pionnière. Très vite, pourtant, les deux races se mélangent et forment ceux qu'on appellera les « mamelucks », métis bâtis à chaux et à sable qui ne connaissent que la loi de leur fusil. A São Paulo, le musée Ipiranga nous les montre, *bandeirantes* partant en expédition derrière le drapeau, ou s'embarquant sur le Tietê dans des bateaux taillés à même les arbres, suivant la technique indigène, afin de ravitailler les mineurs d'or du Mato Grosso. Nous sommes à l'aube du XIXe siècle et pourtant deux précautions valent encore mieux qu'une : d'un côté la dague, le pistolet, le fusil, de l'autre la bénédiction du prêtre, frère citadin de ceux qui partent catéchiser les « sauvages ».

Qui le croirait, dans cette métropole aux ciels nordiques, au béton new-yorkais ? Le même musée énumère ce que le Brésil a hérité des Tupis et des Arauaks : la culture du manioc, du maïs, de l'arachide, du palmier, du caoutchouc, du tabac, la pratique du pilon et de la nasse, le goût des bains de rivière, l'habitude du hamac, etc. Malgré les gratte-ciel et les usines, São Paulo n'a pas perdu sa passion – son angoisse aussi – du *sertão*. Les nouvelles *bandeiras* sont les compagnies d'élevage, qui disputent les forêts du Centre-Ouest aux indigènes survivants et à leurs cousins métissés, les *caboclos*, pour créer de grands pâturages. Les nouveaux missionnaires sont les indigénistes de la FUNAI (Fondation nationale de l'Indien), tels les frères Claudio et Orlando Villas-Boas, paulistes de formation, mais « broussards » de vocation et de cœur, plus à l'aise auprès des derniers sylvicoles à contacter et à protéger que dans leur Amazonie de pierre.

Même le café, apparu au XIXᵉ siècle, a été une sorte de culture *bandeirante*. De la côte, il a « marché » vers les terres rouges de l'intérieur. Marche fiévreuse – l'une des grandes fièvres du Brésil – qui a fait surgir routes et voies ferrées, tressé la maille serrée, populeuse de l'habitat méridional, et permis, grâce aux fortunes qu'elle a engendrées, l'industrialisation du pays.

Après les « barons chocolat » de Bahia, ce sont les « barons du café » qui occupent les fauteuils ministériels de l'Empire. Au début de ce siècle, ils fournissent 70 % de la production mondiale et avant la dépression de 1930 donnent à l'État les trois quarts de ses recettes d'exportation. Aujourd'hui, l' « or vert » est égalé par le soja pour les rentrées de devises. Et il est sérieusement concurrencé par l'arabica colombien – plus suave – sur les marchés extérieurs.

Le Brésil ne dépend plus du café comme hier. Mais le Brésilien? A toute heure il lui faut son *cafezinho* hypersucré, précédé d'un verre d'eau, qui lave la gorge et la met en état de grâce. Le café l'aide à penser, à parler, à prolonger ses jours dans la nuit. Mescaline absorbée à petites tasses, et dont il faudra un jour étudier l'influence sur le tempérament national, sans cesse porté par l'euphorie que procurent les grands poisons!

Le café a une autre conséquence. Quand les esclaves désertent les plantations, après l'abolition du servage, les *fazendeiros* les remplacent par des immigrants italiens, et déclenchent une nouvelle *bandeira*, cette fois politique et sociale. Les Italiens des *cafezais* sont des travailleurs libres, les premiers, ou presque, que le pays connaisse. Ils mettent leurs femmes aux champs, ouvrent des filatures, réhabilitent le travail manuel, dégradé par l'esclavage, introduisent l'esprit d'association et de revendication – bref, dynamitent la société patriarcale. Bientôt ce sont les Espagnols, les Allemands, les

La geste du café

Baltes, les Slaves, les Juifs, les Portugais, les Syro-Libanais, les Japonais qui forment le *melting pot* pauliste. Comme dit le sociologue Oliveira Vianna, à propos du flux européen, le centre-sud du pays s' « aryanise ». Et se modernise.

CHINATOWN ET GENNEVILLIERS

C'est de la faim, de la voracité de ses immigrants que São Paulo tire sa mobilité, son agressivité. Privé de terroir, de racines, sans glèbe qui s'attache à ses souliers, qui alourdisse son esprit, le Pauliste est libre de tout transplanter et de tout transposer. Manger italien, construire américain, marchander japonais, fabriquer allemand, rêver anglais (dans le parc Ibirapuera par exemple), folâtrer français (bien sûr!), voilà São Paulo et son habit d'Arlequin. Et aussi accoupler Naples avec Le Corbusier, Cendrars avec Lévi-Strauss, Chinatown avec Gennevilliers. Monter le plus grand parc industriel d'Amérique latine, et croupir dans les poux de l'Inde.

En 1922, elle organise une Semaine d'art moderne pour introduire dans l'art brésilien « l'électricité, les ventilateurs, les avions, les revendications ouvrières, les moteurs, les cheminées d'usine, le sang, la vitesse, le rêve... » Aussitôt après, elle part en quête d'un verbe créole, d'un Brésil primitif et baroque, dépouillé de l'habillage européen. Paradoxe seulement apparent. Il faut que les modernistes des années vingt aillent « au cœur du monde entier » pour s'apercevoir qu'ils sont d'abord Brésiliens. Entre São Paulo et l'Aleijadinho, le plus court chemin, pour l'écrivain Oswald de Andrade, passe par Paris, où le cru et le fauve sont en vogue, et le ramènent irrésistiblement vers les sculptures du Minas Gerais, vers un art qui avait conquis sa nationalité avant de succomber à l'académisme. Même trajet pour Mario de Andrade, autre Pauliste. Il faut qu'il découvre « les avions et les ventilateurs » pour écrire, avec toute son érudition, le roman le plus nativiste de la littérature brésilienne : *Macu-*

naïma, le « héros sans caractère » qui symbolise l'immaturité du Brésil, comme peuple et comme culture.

Depuis, le Brésil s'est beaucoup brésilianisé. Niemeyer, la bossa nova, la samba, le *cinema novo*, le candomblé, Glauber Rocha et Ariano Suassuna, Caetano Veloso et Gilberto Gil : ces noms et ces mots nous parlent d'un pays qui n'est plus notre miroir. Jusqu'à la fin des années soixante, le Brésil a respiré une grande bouffée de lui-même. Architectes, écrivains, musiciens, dramaturges, cinéastes sont allés à la recherche du quotidien, du plébéien, à l'heure des brasiers allumés par Francisco Julião et João Goulart.

Avec la censure, l'élan est quelque peu retombé. Le quotidien est devenu suspect, car porteur de subversion. Le théâtre de Plinio Marcos est interdit pour ses gros mots et les chansons de Chico Buarque l'ont été pendant un temps pour leurs vérités de tous les jours.

Même si la situation s'est améliorée récemment, le « marché » reste envahi par les produits étrangers : sous-pop' international, littérature de best-sellers, fonds de tiroir hollywoodiens. Le Brésil des Brésiliens mène un combat souvent perdu d'avance contre les multinationales du disque, du film, du roman, qui ont amorti leurs investissements ailleurs. En 1971, la revue *Visão* calculait que la moitié des livres publiés étaient des traductions, 60 % des musiques étaient étrangères, et seulement 10 % du cinéma d'origine nationale. « Nous sommes étrangers dans notre propre pays, dit le cinéaste Carlos Diegues. Le cow-boy fait davantage partie de notre univers que le *cangaceiro* » (bandit légendaire du Nord-Est).

Dépossédé, aliéné, le Brésilien retrouve la vieille tentation du colonisé : singer ce qui se fait à l'extérieur. On le voit souvent prêt à suivre la dernière mode, à acheter (à quel prix!) le dernier mobilier technologique, même s'il n'est pas adapté aux besoins réels du pays. L'ordinateur est d'actualité? Le voilà qui sert à corriger les examens. Quoi de plus pratique, pour un candidat au *vestibular* [1] – et pour ses examinateurs – que de cocher un carton IBM, au lieu de rédiger ses réponses? Que les lycéens perdent l'habitude

1. Examen d'accès à l'enseignement supérieur.

d'écrire, donc de raisonner, on mettra cela au compte de la massification de l'Université. A moins qu'on n'incrimine l'abâtardissement, quasi prémédité, de tout un pays. Pour résumer la dépossession du Brésil par les modèles qu'il se donne, la gauche parle de « dénationalisation culturelle ». Heureusement qu'il y a, en guise de revanche, la musique et la danse noires. Le Brésilien se récupère lorsqu'il chante.

LA « LOCOMOTIVE »

Dénationalisation économique aussi. C'est toute l'histoire de São Paulo. Au départ, les fortunes s'édifient à la force du poignet. Francisco Matarazzo, Italien, marchand de suif en 1881, est maître un demi-siècle après du plus grand empire industriel brésilien. Son ascension accompagne le *boom* de São Paulo, qui devient la « locomotive » du pays. Une locomotive obligée de tirer, selon une formule célèbre, « vingt et un wagons vides » – les vingt et un autres États de la fédération. Un jour, pourtant, il faut brûler le café dans les chaudières des trains, le jeter à la mer. Pour soutenir les cours, qui se sont effondrés après la crise de 1930, le gouvernement recourt à cette mesure de *desesperados*, qui fait encore frémir le capitalisme international. Mais du même coup l'emploi est maintenu, et avec lui la demande, ce qui encourage les entreprises locales à « substituer les importations », c'est-à-dire à fabriquer sur place ce que le pays, faute de devises, ne peut plus acheter à l'extérieur.

En détruisant des millions de sacs de café jusqu'aux années quarante, Vargas sauve l'économie – sans le vouloir. On le saura trente ans plus tard, grâce aux explications de Celso Furtado : bel exemple de ce que les Brésiliens appellent le « somnambulisme » en matière de prévision économique.

La guerre, et l'inévitable restriction des échanges, donnent un deuxième coup de fouet à l'industrialisation. Des tissages et des boîtes de conserve – seul *know how* des nations sous-développées – les usines passent à des productions plus « sophistiquées ». São Paulo confirme sa vocation à engendrer un type d'homme – l'*empresario*, l'entrepreneur – qui a peu d'équivalents en Amérique latine. Car les voisins hispaniques ont toujours eu un dégoût – très castillan – pour l' « économique ». Le Brésilien, au contraire, est un commerçant habile, un amoureux des affaires et des *empreendimentos* (réalisations), caractéristique que Gilberto Freyre attribue au « stock sémite » de la colonisation. Il sait comme personne « faire de l'argent », s'enrichir sans remords et dans la bonne humeur. Il ne se sent pas menacé par la sous-humanité qui l'entoure. Du miséreux, il attend le même regard de compréhension que celui qu'il lui accorde. Bien installé dans sa peau et dans son pays, entre ses gratte-ciel et ses yachts, il pose en principe que le Brésil n'est décidément pas fait pour les conflits de classes...

C'est dès le gouvernement Kubitschek que les firmes internationales – elles ne sont pas encore multinationales – s'imposent dans l'industrie. Les barrières douanières les obligent à s'installer sur place pour garder le marché brésilien. Leur entrée en force déclenche de belles polémiques. La gauche brandit l'étendard du nationalisme, la droite celui du *desenvolvimento*. La discorde gagne l'armée elle-même, où tout le monde, pourtant, se dit nationaliste. Du coup, on entre dans les subtilités : d'un côté il y a les nationalistes « jacobins », appelés aussi par leurs adversaires « émotionnels », et de l'autre les nationalistes « rationnels », selon qui le Brésil est trop pauvre pour se passer de la technique et des capitaux extérieurs.

Volkswagen, Ford, General Motors dans l'automobile, General Electric et Philips dans l'industrie électrique, Pirelli et Firestone dans le pneumatique, Rhodia dans les fibres synthétiques, Bayer dans la pharmacie : le panorama industriel pauliste s'est « mondialisé ». L'*empresario* traditionnel s'est fondu dans les conglomérats apatrides, qui parlent fort et se louent du bon marché de la main-d'œuvre. Seule une minorité du patronat joue le rôle – classique – de la bourgeoisie nationale, prête à passer des alliances avec la gauche pour dénoncer inlassablement le fait que 67 % de l'industrie de transformation se trouve aujourd'hui dans des mains étrangères.

Le « Grand Brésil » au travail :

Une chaîne chez Volkswagen
Un atelier de montage chez Philips

Avec Delfim Neto aux Finances, de 1967 à 1974, le Brésil finit de se convertir en paradis – fiscal, salarial, politique – du « big business » international. Petit-fils d'immigrants italiens, Delfim Neto a été professeur de macro-économie à l'université de São Paulo avant de devenir le « grand sachem » du régime militaire. C'est un homme cynique, aux rondeurs de chanoine, ambitieux au point de postuler ouvertement la relève des présidents à quatre étoiles.

Dans son chapeau de prestidigitateur, il a quelques recettes apparemment infaillibles : par exemple la correction monétaire, qui permet de « vivre avec l'inflation » en préservant la valeur des placements et stimulant l'épargne. Ou bien les minidévaluations successives du *cruzeiro*, qui encouragent les exportations et les entrées de capitaux étrangers. Ou encore – recette qu'il n'a pas inventée – la compression brutale des salaires, qui donne du tonus au patronat : de 1963 à 1974, le salaire minimum perd la moitié de son pouvoir d'achat.

Delfim Neto est le héraut – souvent bruyant – d'un type d'expansion qui privilégie les régions déjà développées et les classes déjà nanties. Avec lui, São Paulo s'hypertrophie encore davantage et les écarts s'accentuent entre le haut et le bas de l'échelle sociale. « Stalinisme de droite », a-t-on dit. Qu'importe! puisqu'à ses yeux, à partir d'un certain niveau d'accumulation, la répartition du revenu – sociale ou régionale – devient quasi automatique.

Delfim Neto incarne à la perfection l'ambition du pays à entrer dans l'ère des *managers* et des monstres froids obsédés par les courbes de croissance. A partir de 1968, le PNB s'emballe : 9 % l'an de progression, puis 11 % en 1971 et en 1973, et encore près de 5 % en 1977, pourtant année de « déprime ». Le produit national brut est le veau d'or offert à l'admiration des foules, bombardées de merveilles statistiques. L'impôt rentre – pour la première fois – quelques têtes sont coupées de l'hydre inflationnaire, la gauche se terre ou se tait, l'extrême gauche est jetée dans les cages insonorisées des tortionnaires, le téléphone marche, la confiance règne. Beaucoup crient au « miracle ».

Misérable miracle! Croissance perverse, qui multiplie le nombre des voitures (1977 : 920 000 véhicules produits) et celui des sous-alimentés (40 millions de Brésiliens sont en état permanent de déficit alimentaire). Aux portes de l'*affluent society*, sur les franges de la ville paranoïaque, un nouveau monde surgit, fait de poubelles et de gangs, de baraques emportées à la moindre averse, d'enfants enlevés à la moindre épidémie (méningite 1974 : 1 800 morts), un monde de petits hommes au regard creux, attirés par le mirage pauliste, et devenus les soutiers, vite embauchés, vite remplacés, de l'énorme machine industrielle qui marchait – avant la crise – à 15 % l'an. Quel *empresario*, brésilien ou non, ne rêve d'avoir son « armée de réserve »? Voilà qui est fait à São Paulo. Aux Italiens revendicatifs du début du siècle ont succédé, à partir des années trente, ceux qu'on appelle les *Bahianos*, les rescapés des steppes faméliques du Nord-Est.

Dans leur univers de carton-pâte, dont aucun Kurosawa brésilien n'a encore exploré la folie, ils sont là pour participer au maigre « festin » salarial. Des chemins sans bitume mènent à leurs casemates où ils tirent l'eau du puits (47 % des Paulistes n'ont pas l'eau courante) et éliminent leurs déchets comme ils peuvent (70 % des Paulistes n'ont pas d'égout collectif). Peu d'écoles, peu d'églises, pas d'administration municipale, une police qui ramasse les gamins abandonnés, pour les enfermer dans des « centres de tri », véritables pourrissoirs. En revanche, abondance de « superboom » et de « supercentre »...

A quelques kilomètres de là, la grande cité se profile, accoucheuse de croyances modernes. Mais ici, dans les marécages de la société industrielle, ce sont les *terreiros* de la macumba afro-brésilienne, les lieux de transe du Brésil de l'oncle Tom, que les *Bahianos* s'empressent de reconstituer – seul recours contre leur solitude de déracinés.

Pour aller à l'usine, ils s'accrochent aux portières ou montent sur les toits des trains. L'humour brésilien appelle *pingentes*

Enfants de la rue,
hommes à la rue...

– pendentifs – ces surnuméraires des transports en commun, qui tombent parfois en cours de route – morts banals qui reçoivent un journal pour linceul provisoire, et quelques bougies pour transiter, tout de suite, vers l'au-delà.

Au travail, ils font preuve d'une soumission apparemment à toute épreuve. Hygiène, sécurité, grèves, syndicats, autant de concepts dangereux à manier, et d'ailleurs, ils ne s'y risquent guère. Avec eux Zola revit sous les tropiques, corrigé par Jorge Amado : exploités, volés, spoliés, certes, mais « cordialement ». A l'instar de la *fazenda*, l'usine donne, avec l'emploi, la protection. Le tutoiement du *você*, l'emploi des prénoms, tout ce qui masque ailleurs les distances sociales, sans les supprimer, on les retrouve dans les Manchesters paulistes. Le noir pris au piège de la « tolérance raciale », l'employé à celui de la familiarité avec l'employeur : on ne s'explique pas le Brésil sans ces trompe-l'œil qui aident si bien à vivre. « Le Brésil n'a pas de peuple », écrivait le Français Louis Couty au XIXe siècle. Moins d'un siècle après la suppression de l'esclavage, comment le peuple n'aurait-il pas du mal à émerger ?

Pourtant, certains recommandent de ne pas trop s'y fier. Ainsi le sociologue de São Paulo, Florestan Fernandes, qui nous disait un jour : « Les peuples apparemment apathiques font illusion à leurs classes dirigeantes. Les Chinois, les Cubains, les Russes, étaient, eux aussi, apathiques. Mais il arrive un moment où le progrès technique augmente le niveau des exigences, ce qui crée des tensions. »

Sages paroles. D'ailleurs, qui jurerait que le prolétariat pauliste n'est pas en train de changer ? En mai 1978, plus de 100 000 métallos faisaient grève pendant deux semaines. Les syndicats montraient leur maturité en ne se laissant pas déborder, en négociant tranquillement avec le patronat, et le gouvernement son bon sens en ne criant pas – comme d'habitude – à la « subversion ». C'était la première grande grève depuis dix ans, et la plus sage, peut-être, que le Brésil ait jamais vue. Sous le coup de l'émotion, l'hebdomadaire *Veja* se demandait si, après trois quarts de siècle d'industrialisation, la classe ouvrière « n'était pas en train de s'émanciper ».

Un immeuble-serpent de Niemeyer

A 700 mètres de haut,
le Corcovado sur son socle

SI TU VIENS A RIO...

LE MYTHE SURPEUPLÉ

BLACK IS BEAUTIFUL

SYBARITES

MIEL DE L'AFRIQUE

L'HOMME CORDIAL

Dans la conscience collective brésilienne, Rio de Janeiro incarne le principe de plaisir. Le bonheur est censé être là, sous les palmes, le long des plages où les corps s'abandonnent à leur perfection. A quarante degrés à l'ombre, en été, l'âme se met en veilleuse, les énergies rentrent au bercail. L'homme vertical est fini. Lui succède l'homme viscéral.

Mario de Andrade disait que Rio réussit surtout aux plantes et aux femmes, au côté plantureux, végétal des femmes. Enfermée par la forêt et la montagne, la ville est prisonnière d'une nature qui ne connaît pas de saisons, qui prolifère, exagère, s'ensevelit sous un fouillis de lianes et de mort. Ici, le soleil n'est jamais dru, jamais sec, les brumes de l'Océan lui enlèvent sa cruauté, nappent la cité de tendresse, imbibent la peau de paresse. Même les orages sont des jets d'eau tiède, qui amollissent plutôt qu'ils ne fouettent.

Allongée sur sa baie, toute a ses reptations de ville-serpent, de ville-femelle, Rio est pleine de rades et de ventres accueillants, où l'esprit du pays a toujours aimé jeter l'ancre : Flamengo, Botafogo, Copacabana, Ipanema, Leblon... Rien de plus trompeur, à cet égard, que l'architecture guerrière de son paysage : car la baie de Guanabara est un morceau oublié, grandiloquent, de la création du monde. Partout la montagne s'arrache à la mer : îlots qui ouvrent leur gueule au milieu des vagues, rochers en surplomb, découpures, déchirures des *serras*, grands fauves de pierre : le Pain-de-sucre, bien sûr, et aussi les Deux-Frères, le Hunier (Gavea), le Gibbeux (Corcovado), le Géant endormi, les Orgues. Le père Simon de Vasconcelos, au XVIIIe siècle, parle d'une nature « qui fulmine », Darwin d'une « scène d'opéra ». Tout est élan natal, violence vitale. C'est l'éden tropical, où la courbe des femmes répond à la courbe des palmes. Le harem.

L'endroit du monde où les Brésiliens se sentent le plus brésiliens, où ils portent à l'état de fusion leurs vertus et leurs insuffisances. Détrôné comme capitale, mais toujours Rome par rapport à Milan, c'est-à-dire São Paulo, et toujours Athènes par rapport à Brasilia, la spartiate.

Une ville nerveuse aussi, tendue par toutes les fibres du travail. Émiettée par sa géologie, longtemps infestée par les fièvres (la fièvre jaune n'a été enrayée qu'au début du siècle), elle a repoussé ses murs pour s'agrandir, reculé les frontières de l'Océan, bétonné ses gouffres, effacé quelques-unes de ses bosses : dans les années vingt, elle rase le *morro* (morne) du Castelo, son point de départ, le premier mirador que les Portugais aient fortifié après avoir bouté les Français hors de leur rêve antarctique. Plus tard, c'est le *morro* Santo Antonio qu'elle supprime, ou plutôt transvase, car la terre a servi, en remblayant la baie, à construire l'Aterro, jardin dessiné, arborisé, herborisé par Burle-Marx en forme d'arc-en-ciel. Les pics les plus arides ont été domestiqués : Corcovado agrandi par le Christ rédempteur dont on répète, de génération en génération, le tour de crâne et le tour de poitrine : 38 mètres de haut, 28 mètres d'envergure, 1 145 tonnes de pierre conchiée par les papillons d'altitude, et la vue sur 100 kilomètres d'éternité. Pour percer l'avenue Presidente-Vargas, des quartiers entiers ont été dynamités, mais le monument mussolinien est resté inachevé, tranchée géante qui a cessé depuis longtemps de battre tous les records – de vide – d'Amérique latine. Enfin les pyramides : le pont Rio-Niteroi et ses 14 kilomètres de béton précontraint lancés au-dessus de la baie, auquel il n'aura manqué ni les devis fabuleux, ni les morts par explosion ou par immersion (38 victimes avouées) pour faire pharaonique.

De la *praça* Maua à l'avenue Beira-Mar, Rio n'exsude

que le travail. Banques, import-export, engeneering, marketing, immobilier ; contre la paralysie qui les menace, les classes moyennes en ascension déploient une activité de mouche. Pas de flânerie ni de sieste. Les déjeuners sont avalés debout, dans des *lanchonetes*, où les ventilateurs brassent un air collant et moite. Là-haut, dans les cathédrales de béton, le gros soleil vantard est cassé par le jeu des brise-lumière et des stores, et c'est une fraîcheur bien pensante qui est distillée dans les bureaux éclairés à la fluorescence, qui gèlent parfois à la température idéale des ordinateurs. Les monolithes du centre forment des canyons qui accumulent le décibel en même temps que le capital, et n'entrouvrent leurs entrailles que pour quelques bâtiments rétro : la Bibliothèque nationale, l'École des beaux-arts, et cette copie réduite de l'Opéra de Paris qu'est le Théâtre municipal, où le lamé sied si bien aux bronzages. Ultimes nouveautés, la Petrobras qui ressemble à un jeu de cubes et la cathédrale à un cône renversé, une architecture qui se cherche et ne se trouve pas, mais ajoute du « kolossal » à une ville souvent prise par le vertige des grandeurs.

La mémoire du sous-développement, c'est à Santa Tereza qu'on la trouve. Un jour Rio a été coloniale, patriarcale, les rues grimpaient, comme ici, entre les jambes des enfants noirs, les trams dépliaient leurs chenilles métalliques entre les bougainvillées. La vie était pleine de palais inutiles et d'oiseaux bariolés, la fraîcheur des azulejos se mariait avec la luisance des bananiers, la violence des fleurs embaumait les balustrades, la paresse rôdait dans les jardins. C'était le Rio des passionnés d'ombrages et de hamacs qui jouissaient à pleines narines d'un repos seulement inquiété par les mouches. Les hommes avaient, autour de l'œil, cette innocence que donnent la chaleur quand elle dilate les paupières et une enfance jamais enterrée parce que jamais réprimée. Mais qui va à Santa Tereza en dehors des touristes ? De plus en plus, l'éden a le goût d'huile solaire, il faut le chercher au-delà des tunnels qui relient Rio à ses plages. Sorti du centre et de la zone nord, c'est-à-dire de la province, le Brésilien change de peau et accède à la civilisation en entrant à Copacabana.

Copacabana

Trente mille habitants au kilomètre carré : en quarante ans, le mythe s'est surpeuplé. Il se ressemble à lui-même, Croisette d'entre mer et montagne, qui crache vers le ciel le noir tabac de ses incinérateurs. C'est à Copacabana que le Brésil s'émancipe, et fait l'alchimie du *mineiro* et du *gaúcho*, de l'Amazonien et du Nordestin, pour produire ce super-Brésilien qu'est le *Carioca*, mélange d'euphorie et de blague, de nonchalance et de survoltage. Nulle part ailleurs qu'ici et dans toute la zone sud les bonheurs ne sont aussi proches, ni aussi nombreux, au mètre carré, les restaurants, les bars, les cinés, les snacks, les « boates », les cours de langue et les instituts de beauté, les librairies et les drogueries (livres à toute heure, remèdes vingt-quatre heures sur vingt-quatre), les hôtels à « haute rotativité » et les « petits enfers » à marijuana. La fine fleur – les *grã-finos* – boude aujourd'hui une Copacabana qui n'a pas résisté au vent – panique – de la démocratisation. C'est plutôt à Ipanema ou sur les collines parfumées de Leblon que les colonnes « sociales » des journaux s'alimentent – le social, ici, n'adjectivant que la bonne société.

Pour accéder à la Tahiti balnéaire, les *middle class* vendent leur maison de Meier ou de São Cristovão et s'entassent dans des *conjugados* en mie de pain, studios-kitchenettes livrés au chant des guitares et au tohu-bohu napolitain. La civilisation du loisir bat son plein sous le regard cascadeur des nègres qui rentrent chez eux en varappant sur les mornes : à cent mètres au-dessus du niveau de la mer, les *favelas* continuent de faire de l'ombre au bonheur sous les palmes – bidonvilles pentus, crottés, où les fleurs poussent dans les bidons d'essence. Morne bleu, Morne des Singes, Petite Campagne, Marée, Babylone : autant de lieux-dits poétiques pour les gardiens de voitures et les cireurs de chaussures, qui vivent un œil sur les crêtes, d'où glissent les terrains, et un autre sur leurs échelles de coupée en terre glaise, par où monte la police. Certes, depuis 1962, on « défavellise » :

quelques pans de granit qui ont laissé la place à de l'immobilier. En 1975, trois cent mille *favelados* avaient été déplacés.
Il en restait assez pourtant – six cent mille – pour garder à
Rio sa couronne de tôle et de carton pâte. Chaque *Carioca*
sait ce qu'il doit de vols, de « marginalité » à ces cloaques
qui chantent au-dessus de sa tête. Il ne semble pas s'en
scandaliser. Si les indices de criminalité n'étaient pas aussi
éloquents, on jurerait qu'entre le Rio des pourvus et celui
des parias, un traité de coexistence pacifique a été conclu.
Mais ne jurons pas. Le Brésil ne se laisse pas saisir dans
ses apparences.

C'est de la *favela* que descend la *mulata* (mulâtresse) qui
rencontre, dans les nudités balnéaires, son triomphe, sa
revanche. La *mulata* est l'archétype sexuel des Brésiliens.
Peu importe son degré de métissage, qu'elle soit couleur de
miel ou de cendre. Ce qui compte, c'est qu'elle ait le galbe
noir. Regardez-la naviguer sur ses talons de dix centimètres,
l'amulette pendante, son parfum de peau tué sous les déodo-
rants. Elle porte toute l'Italie dans son corsage et toute
l'Afrique dans son saint-frusquin. A droite, à gauche, en
avant, en arrière, elle remplit l'espace d'un mouvement de
haut bord. Sur son passage, le paradis d'Allah prend forme :
il fait feu de tout bois, envoie les quatre fers en l'air. La
réputation de la *mulata* n'est plus à faire. Déjà, au temps
de la colonie, on disait : *Branca para casar, mulata para
fornicar, negra para trabalhar* [1]. Qui jurerait que cette vision
tripartite de la société ait beaucoup changé ?
Selon le sociologue Octavio Ianni, la valorisation sexuelle
de la femme de couleur n'est qu'une forme particulière de
préjugé racial : plus elle est sexualisée, dit-il, moins elle est
regardée comme être humain. Dans la promiscuité de la
senzala, les négresses, cinq fois moins nombreuses que les

---

1. La blanche pour se marier, la mulâtresse pour forniquer, la négresse pour travailler.

Favela : Une « rue » et un « balcon ».

hommes, étaient promises à toutes les facilités. Initiatrices des fils de la maison, elles leur ont laissé le goût de ces chutes de reins qui, ailleurs, sont férocement combattues par la diététique. Aujourd'hui, c'est toujours la plénitude, l'exagération des formes qui plaisent aux Brésiliens, non les maigreurs amphibies. Et si la blancheur relève encore de l'idéal social, le brun, l'ambre sont devenus les seuls canons de beauté. Ce n'est pas une aspiration collective au métissage. Plutôt le *Black is beautiful* ramené à sa dimension esthétique.

Rio paradis du sexe... On connaît la légende. C'est vrai que les regards vont vite, que les corps ont l'approche facile. Entre hommes et femmes, on s'aime beaucoup, et on s'entre-déchire peu. Le désir est confessé avec franchise, tout autant que le plaisir. On ne s'embarrasse guère de calculs, de stratégie, de tout ce qui fait ajourner le bonheur pour lui donner plus de certitude. Il faut tout, tout de suite. Quand l'autre s'éloigne, on crie sa *saudade* – son manque, sa déchirure – avec surprise, car le malheur ne fait pas partie des habitudes. Et c'est la beauté des amants brésiliens que d'être ainsi à cœur ouvert, toujours collés l'un à l'autre, toujours en train de s'éprouver par le baiser ou par l'étreinte. La nuit, l'été, les plages appartiennent au *namoro*, au flirt ébauché sur un banc... ou un capot de voiture. Une complicité générale entoure la tendresse des couples. Surprise du journaliste lorsqu'il apprend d'un fonctionnaire gouvernemental que le Luna-Park de Brasilia aura un coin pour *namorados*, qui plus est protégé par la police contre les agressions nocturnes !

Des Européens trouvent sans épices ces amours exotiques. « La Brésilienne, c'est l'Italienne moins le sel », nous dit une Franco-Carioque qui a vécu. Voire ! L' « amorale » sexuelle commence au bas de l'échelle sociale. Les hommes volettent d'une femme à une autre, et abandonnent la progéniture semée en cours de route. Parasitisme et prostitution fleurissent facilement en terres d'abandon. Déjà malmenée par l'esclavage, la famille n'est plus qu'un vain mot quand les individus sont partout traités en sujets plutôt qu'en citoyens. Certains spécialistes voient aussi, dans la polygamie populaire, l'influence de ce qu'ils appellent le « Dionysos noir ».

Passé minuit, dans certains centres de macumba, ce ne sont pas les dieux bienfaisants que les médiums appellent par la transe, mais les *exus* cornus et fourchus, pour qui ils miment une débauche collective. Ils célèbrent le démon contre les divinités blanches, et la libération du « désir fou » répète – assure-t-on – la protestation des esclaves contre leur servitude.

Mais si l'on parcourt toute la gamme des couleurs, c'est un même Dionysos qu'on rencontre. Le Brésilien est un mangeur de vie. Quand un homme possède une femme, il dit d'ailleurs qu'il la « mange », à l'instar de ses ancêtres indiens qui s'appropriaient l'âme d'autrui en le passant à la broche. Dans une société qui n'a rien de permissif – au sens moderne du mot – il s'est octroyé depuis longtemps bien des permissions. Avant l'instauration du divorce, en 1977, il avait inventé le *desquite*, séparation en bonne et due forme, après quoi chacun « se remariait », sans le secours de la loi, mais avec champagne argentin et devant tous les amis. L'homosexualité n'est pas codifiée comme en Angleterre, mais admise. Seul un conformisme superficiel, qui ne touche pas à la substance des êtres, fait encore de la *bicha* (l'inverti) la victime de vaudevilles et de railleries d'ailleurs peu cruelles. Le mâle brésilien a beau cultiver le *machismo* (de *macho*, mâle), il lui arrive de confesser, sans le savoir, qu'il est « double ». Sinon, pourquoi se déguiserait-il en femme au moment du grand happening carnavalesque ? Quant aux dames, il y en a beaucoup qui connaissent les deux « penchants », comme on disait au temps de Saint-Simon, et ce qu'elles trouveraient anormal, c'est de s'en cacher.

Aucune de ces libertés n'a été arrachée, précédée de mouvements ou de manifestes. Elles se sont installées sans crier gare, sans scandaliser personne. Sans doute s'agit-il de « petites » libertés, comparées aux autres, qui manquent encore. Et il serait hasardeux de prétendre qu'elles aient beaucoup rénové l'édifice social. La bourgeoise brésilienne reste promise au mariage et à la maternité, elle est toujours une pièce du sérail traditionnel, mais à l'intérieur des tabous et des conventions qui l'emprisonnent encore, elle « s'arrange ».

Qui ne se débrouille pas, d'ailleurs, au Brésil? Entre la règle et la praxis, entre la « représentation » sociale et le vécu, il y a place pour des milliers de nuances. Offrez une loi au Brésilien, il l'aménage. Il n'a pas son pareil pour humaniser les interdits, et c'est pourquoi les interdits pullulent. Donnez-lui un mot, et il le remplit de son innocence. A son contact, les mots s'épurent et se transfigurent, par exemple celui de draguer *(paquerar)*, qui sonne mal en France, et que même les femmes, parlant d'elles, utilisent ici.

SYBARITES

La ponctualité, le formalisme, la déférence, tout ce qui est *chato* (ennuyeux) n'ont pas de prise sur lui. Il va à la plage. Est-ce pour nager? Non, la nage requiert de la continuité, du sérieux – du travail. Or, qui va à la plage pour travailler? Il préfère jouer avec les vagues. Et s'il s'essouffle à courir (depuis qu'un Américain, Cooper, lui en a donné l'idée), c'est pour atteindre à une santé physique dont il est passionné. Conduire est un jeu, non une pratique utilitaire comme chez les peuples rassis. Emerson Fittipaldi n'est pas un champion de hasard, il a poussé en terre automobile, au pays des voitures maniées comme des ballons, en dribbles acrobatiques et mortels. Histoire brésilienne. Un autobus tombe dans un canal : trente-trois morts. Interview des rescapés. On apprend que le conducteur avait commencé à Copacabana à « faire la course » avec le chauffeur d'une autre ligne et c'est à dix kilomètres de là, dans l'odorant canal du Mangue, connu de tous les Cariocas, que le steeple-chase s'est terminé.

Travailleur par nécessité, mais sybarite par tempérament, le *Carioca* a quelquefois mauvaise conscience : comment construire un grand pays en restant « tropical »? Confronté avec la *bagunça* (le désordre, ou plutôt, le b...) il incrimine le manque d'éducation... des classes populaires. *Falta de educação!* Tout est dit. Le recensement de 1970 indiquait trente-trois pour cent d'analphabètes, mais est-ce bien de cela qu'il s'agit? Dans beaucoup de milieux, l'enfant pousse sans règle, sans contrainte. « Affreux jojo » à cinq ans, qui dit non à tout et réclame tout avec la même insistance, il fait, à vingt ans, un adolescent mal élevé, mais heureux. Trente ans plus tard, il est moins fatigué de l'existence que beaucoup de nos contemporains, encore qu'on meure jeune dans ce pays, puisque la longévité moyenne n'excède pas cinquante-huit ans.

C'est tant mieux pour la « qualité de la vie », mais tant pis pour les occasions où il faut se prendre en charge. Face aux agressions modernes, le Brésilien est souvent pris au dépourvu. Ne comptons pas trop sur lui pour s'enrichir de ses frustrations, assumer ses disgrâces. La psychanalyse a trouvé ici un terrain florissant. Dans certaines maisons d'Ipanema ou du Jardim Botânico, les « madames » font une « analyse » comme elles font d'ailleurs une « plastique » : pour supprimer les obstacles à leur bonne humeur. Le Brésil compte plus de redresseurs de nez que de médecins sanitaires et – qui le croirait au pays de la « convivialité »? – un nombre croissant de spécialistes de l'incommunicabilité. L'argent, la mode, expliquent ces raffinements de *happy few*. On ne sort pas du Brésil des contrastes : le faubourg Saint-Germain d'un côté, le tiers monde de l'autre. Cette disposition au bonheur a conduit certains écrivains, comme Cassiano Ricardo, à conclure à la bonté native du pays, bonté attestée, selon eux, par le pacifisme de l'Histoire : l'indépendance, la république ont été proclamées sans une goutte de sang. La « révolution » de 1964 s'est faite sans un mort, du moins immédiat. Brésil, pays heureux, disent certains manuels, « parce que sans guerres et sans tremblements de terre ». Longtemps, l'idée a prévalu d'un Brésil idyllique, merveilleusement préservé des paranoïas modernes. Dans un livre resté fameux – par son optimisme – Stefan Zweig expliquait que le Brésilien était un délicat qui détestait la brutalité, le bruit, la véhémence, un être silencieux, rêveur et sentimental... On sourit de ces pages.

Trois siècles et demi d'esclavage ont laissé d'autres marques. A en croire Gilberto Freyre, c'est au contraire le sado-masochisme qui fait bel et bien partie du patrimoine national.

Il en voit l'origine dans le « tout est permis » de la société patriarcale : aux fils des planteurs, aux *sinhomoços*, les négrillons servaient de souffre-douleur. Plus tard, ce sont les négresses qui étaient victimes, comme dit élégamment le sociologue, « de leurs premiers élans génésiques ». Toujours selon Gilberto Freyre, la dualité du bourreau et de la victime a débordé la vie sexuelle et domestique et explique le goût du « peuple » – apparemment vérifié jusqu'ici – pour les gouvernements forts.

Le pacifisme brésilien n'a souvent été qu'une façade. Les querelles pour la terre, l'expansion des frontières intérieures, la lutte des oligarchies pour garder le pouvoir ont coûté d'innombrables conflits internes. Le dernier se déroule encore sous nos yeux. Privée de bataille depuis un siècle, depuis la guerre du Paraguay, l'armée s'est donné un ennemi héréditaire avec la « subversion ». Pour certains officiers – pas tous – un bon combat « patriotique » offre plus de piment que le défrichement du territoire. On sait où cela les a menés : ce qui s'est passé dans les salles spécialisées de quelques casernes montre qu'Hitler n'avait pas tout inventé. Dialectique du pacifisme et du non-pacifisme : la peine de mort abolie par la république (le dernier exécuté a été un esclave) est rétablie par le régime militaire en 1969 pour les crimes contre la « sécurité nationale ». Mais comme personne n'ose l'appliquer, c'est dans les prisons, clandestinement, que les adversaires de la « révolution » sont éliminés.

Que la justice soit impuissante, la police corrompue, et voilà qu'apparaissent d'autres justiciers improvisés, ceux de l'Escadron de la mort : quelques dizaines d'inspecteurs aux surnoms symboliques (Killing, Ange exterminateur...) qui abattent eux-mêmes les « marginaux » sortis de leurs cellules, « pour l'exemple ». La presse ne raconte plus aujourd'hui qu'en quelques lignes la découverte des cadavres étranglés, et toujours torturés, dont les policiers à tête de mort font leur sinistre tableau de chasse. Depuis 1957, les escadrons de Rio et de São Paulo ont essaimé quelques milliers de victimes, mêlant allégrement la représaille à la lutte antiguérilla, le racket au trafic de drogue. Des juges courageux ont stoppé la vague à São Paulo, mais la Baixada Fluminense, banlieue carioca, continue de s'enrichir chaque mois de nouveaux cadavres.

MIEL DE L'AFRIQUE

Passé un certain seuil social, la violence est quotidienne : trains de banlieue assaillis à coups de poing, agressions en plein jour, en pleine rue, pour quelques cruzeiros. Devant le sadisme de son cinéma (l'hémoglobine coule à flots depuis quelques années), le Brésilien ne s'émeut pas. *Coisa nossa*, dit-il. « Ça nous ressemble. » Mais qu'un bébé apparaisse sur l'écran, et le public se met à fondre. Alors, est-il bon, est-il méchant ? Il est gentil. Mieux : sociable. Ce n'est pas le pays de l'éternel sourire, mais celui de la patience (apparemment) à toute épreuve, de l'autre accepté dans son originalité, dans ses différences. L'Histoire a beau avancer par soubresauts, le Brésil vivre au-dessus du volcan, il y a encore de la douceur dans l'air et les rapports humains sont d'une affectivité rare. Quand on passe du Portugal au Brésil, on est frappé par ce que la langue gagne en musique, en volubilité communicative. Rien de plus contrasté qu'un *fado* d'Amalia Rodrigues et une chanson de Chico Buarque ou de Caetano Veloso. D'un côté le tragique, la voix de souffrance et d'écorchure. De l'autre une sorte de cantilène murmurée à pleines lèvres, rarement chantée à plein coffre. Miel de l'Afrique, tendresse labiale des nourrices noires...

Le Français râleur, l'Américain hypertendu, le Castillan monté à cran en font tous l'expérience : ici, inutile de revendiquer, de se défendre ou de s'énerver. C'est un langage que le Brésilien ne comprend pas. Son âme est dépourvue d'arêtes. Habitué à ses Kafkas administratifs, aux mille pannes d'une économie qui reste, en beaucoup d'endroits, sous-développée, il a appris à ne pas s'impatienter. « Patience, le Brésil est grand ! » A partir d'une certaine masse critique, un pays résorbe ses insuffisances. Ce qui est inefficience en Hollande devient, en Sibérie ou en Amazonie, accord spontané entre l'espace et le temps. Patience, tout finit par se

Carte postale : le Pain de Sucre.

faire, et surtout par s'arranger. Le sachant, le Brésilien s'économise et oppose à l'agressivité d'autrui une sorte d'incompréhension. S'il est gentil, c'est souvent par refus du conflit – du moins immédiat. S'il ne dit jamais « non », c'est pour maintenir avec autrui, le plus longtemps possible, un état de non-belligérance.

L'HOMME CORDIAL

Dire « non » signifie une rupture, ou tout au moins une prise de position. Le « oui », en revanche, n'engage à rien. A l'intérieur de son « oui » il peut toujours aménager une excuse, une retraite. Qui sait de quoi demain sera fait ? C'est aussi pour rester disponible, suivre la vie dans son caprice, dans son mouvement, qu'il ne se compromet pas, reste insensible aux horaires, aux contraintes. Et s'il est optimiste, voire euphorique, ce n'est pas par dédain du réel – il connaît parfaitement ses intérêts – mais parce qu'il aime ordonner les choses suivant sa bonne humeur. Il fait mille promesses, non pour tromper – cela exigerait un effort – mais pour rester « en bonne intelligence ». Pas de corps à corps, pas de droit au but avec lui : il prend la tangente.

Dans son livre *Raizes do Brasil*, publié en 1936, Sergio Buarque de Hollanda explique que le Brésilien est un « homme cordial ». Il use du mot dans son sens premier : qui vient du cœur. Ici, dit-il, même l'inimitié peut être « cordiale », car elle prend sa source dans « la sphère de l'intime, du familier ». Il attribue le « capital sentiment » de ses compatriotes à l'individualisme du Portugais, « éternel fils de soi-même », aux « rapports primaires » du Brésil agraire et archaïque, dont la seule loi était celle du sang et du clan, si bien que les emplois y étaient distribués non en fonction de qualités objectives, mais d'amitiés personnelles, et assumés davantage pour défendre des intérêts individuels que le bien collectif.

Aujourd'hui encore, on ne traite pas une affaire sans s'être éprouvés sur le terrain, toujours incertain, de la sympathie. Le paternalisme continue de régir les rapports entre employeur et employé. Le patron a besoin d'aimer ceux qui travaillent sous ses ordres, et l'employé, plus que jamais fils de lui-même dans une société qui le prive des moyens de se défendre, sait qu'il doit plaire, ou complaire, pour être accepté. Les adjectifs s'additionnent, les mots s'hypertrophient, le superlatif entre dans la catégorie des politesses élémentaires. On ne donne pas du « bon » ou du « bien » à quelqu'un qu'on veut féliciter – ce serait de la froideur – mais du « génial ». Pas de courbettes, pourtant, pas d'étiquette. On est au pays de l'*abraço* (embrassade), donné avec de grandes tapes dans le dos, et un joue-contre-joue viril et prolongé. L'inflation verbale est telle, parfois, que les hommes, (en tout bien tout honneur), ne s'appellent plus « mon cher », mais « mon chéri ». La langue est soumise à une gymnastique qui multiplie les diminutifs, enlève au monde ses aspérités et l'enrobe de miel. Dire qu'un enfant est joli, que le café est bon, serait plat, voire brutal. Non, *a criançinha é bonitinha, o cafezinho é gostozinho*. Littéralement : « le petit enfant est tout beau, le petit café est tout bon ». Grâce à ces compléments de tendresse, le Brésilien s'approprie chaque chose, et chacun, et en fait son intime.

Car il ne supporte pas d'être seul. La *solidão* n'est pas cette lande bergmanienne où l'âme s'agrandit et s'interroge, c'est la triste punition de ceux qui ne savent pas vivre en état de grâce communautaire. S'intégrer à un groupe, à une bande, voilà l'idéal d'un homme peu soucieux de se retrouver avec lui-même. Il adore les clubs, et tout ce qui se transmet par contagion : la musique, le bruit, le délire né d'un match de *futebol*. C'est un supporter, un *torcedor* convaincu. Face au ballon rond et aux écoles de samba, il ne reste pas sur son quant-à-soi. Il est pour Flamengo (bandes noires et rouges) contre Botafogo, pour Portella contre Mangueira. Et il salue les victoires par une débauche de pétards et de poudre de riz...

Dans ce climat de sympathies nécessaires, de familiarité généralisée, la morale du *jeito* l'emporte sur la morale sociale. Le *jeito*, c'est l'astuce, la combine, qui permet de raccourcir les circuits administratifs, débloquer les agendas surchargés, déverrouiller les consciences armées du Code civil, voire du Code pénal. Institutionnalisé, il prend la figure – ingrate – du *despachante*, intermédiaire obligé auprès de la douane et de la police, où il faut savoir qui soudoyer, et à quel moment. Le *jeito* mène facilement à l'escroquerie, à la corruption. Les annales politiques du pays sont pleines de fortunes bâties à l'emporte-pièce, et sanctionnées par l'indulgence publique. « Je vole, mais je réalise », disait le gouverneur de São Paulo, Adhemar de Barros. L'armée est intervenue en 1964 contre le « communisme et la corruption » pour s'apercevoir dix ans plus tard qu'elle avait favorisé une corruption peut-être encore plus grande. Pesanteurs de la sociologie, et des tempéraments.

« Il y a chez nous du flegme britannique et de la patience hindoue », dit l'écrivain Alceu Amoroso Lima. Définition étonnante. Le flegme, ou en tout cas l'incrédulité face aux idées trop arrêtées, le pragmatisme préféré aux théories, le sentiment qui transcende les idéologies. Ce n'est pas un peuple radical. Les opinions extrêmes, il les a découvertes sur le tard, avec le communisme et l'intégralisme (le fascisme version tropicale), et encore ne s'y est-il pas donné corps et âme. Certes, le « flegme » a ses limites. Beaucoup pensent pourtant que ce n'est pas d'un excès de violence, comme l'Amérique espagnole, que le Brésil risque d'étouffer, mais d'un excès de patience. *Comodismo!* L'art de survivre plutôt que de se battre. Ailleurs, les forces sociales s'expriment, fût-ce, comme en Argentine, en explosant. Ici, elles sont « sous anesthésie ». « Le danger n'est pas le communisme, dit encore Alceu Amoroso Lima, car le communisme exige une discipline, une idéologie, mais le fascisme, la délégation de pouvoir à un chef. »

Inconvénients de la convivialité. D'autres en disent les avantages : la gentillesse, la sociabilité brésiliennes sont un gage pour l'avenir. Que le Brésil devienne une démocratie, et celle-ci pourrait avoir un contenu plus riche qu'ailleurs. L'esprit des lois tempéré par les intermittences du cœur...

La nouvelle cathédrale, le tram de Santa Teresa,
et l'un des milliers d'autobus.

*L' « arrière »-pays
Salvador.* ▷

POLYGONE DE LA FAIM

MAÎTRES FOUS

VENTRE LIBRE

FINISTERRES

ANGES EXTERMINATEURS

DAME MEILLEURE

Il y a la baie – celle de Tous les Saints. Mille barques à fond plat qui font le va-et-vient des graines et des bananes. Des dizaines de rues de Lappe qui semblent monter à Montmartre et finissent dans les pouilles du Maciel et du Pelourinho. Cent clochers qui sonnent, pendant l'été, les fêtes des pêcheurs et de leurs patrons de plâtre. Quelques forts murés dans leur blancheur, qui montent la garde au bord d'une mer d'encre violette. Mais il y a surtout l'Afrique, qui a survécu à tout, et ce tout n'a pas été rien.

Dans son architecture, dans sa composition, dans sa façon de grimper sur les collines pour guetter le grand large, Salvador est une ville portugaise. Au ras de l'eau, les églises sont fortifiées comme des casernes, les couvents ne s'ouvrent que par des meurtrières, les phares sont des chefs-d'œuvre d'hermétisme guerrier, et si les fortins s'achèvent parfois en minarets, c'est parce que le Portugal a débarqué ici avec du sang maure dans les veines. Tout est méfiance au ras de l'eau, prudence de dragueurs de pays, d'écumeurs d'océans.

C'est à Salvador que le Brésil portugais a commencé – celui des architectes et des administrateurs à poigne. Le premier gouverneur de la colonie, Tomé de Souza, arrive en 1549 avec 400 soldats, 320 officiers, 6 pères jésuites, et 600 colons de sac et de corde. Il vient fonder une capitale et refaire le monde. Mais les Indiennes ne suffisent pas à la tâche. Affolé devant la propagation de mœurs que l'on appelle pourtant bibliques, le chef des jésuites, le père Manuel de Nobrega, écrit à la reine pour lui demander des orphelines, « ou même des femmes ayant fauté, toutes trouveraient leur mari, car la terre est grande et grosse ». Il sera exaucé. Salvador naît dans un site qui a, de tout temps, rendu chauvin. « Nos arbres ont plus de fleurs, disent les Bahianais, notre ciel plus d'étoiles, notre vie plus d'amours... »

Pendant deux siècles, elle est la capitale. On l'a quelquefois comparée à Tolède, mais c'est une Tolède sans les ciels sulfureux du Greco, ni les ocres sévères de Castille. Dans la ville haute, ses églises sont aérées, trouées de fenêtres, chargées de volutes et de pointes. A l'intérieur, l'arabesque, le rococo, le fouillis, la folie plateresques font de la religion un joyeux dessert. Avec ses ors, l'église du tiers ordre de São Francisco est la caverne d'Ali-Baba du catholicisme colonial. Et si les christs ont encore l'œil vitreux, le corps sanguinolent, le musée d'art sacré ou le couvent des Carmes montrent beaucoup d'anges bouffis, de saints bonasses, de vierges à double menton – toute la chair d'une société qui aimait un peu trop les pâtes de fruits.

Dès qu'on est dans la rue, l'Afrique monte à la gorge. Elle a le goût de l'huile de palme, l'*azeite-de-dendê* venue d'outre-océan, or liquide aux couleurs d'ambre solaire que les Bahianaises font chanter à tous les carrefours. Image d'Épinal fidèle au poste, la Bahianaise enfermée dans ses jupes officie devant une nourriture qui ne se prononce que par onomatopées : vatapá, caruru, acarajé, moqueca, xinxim, cocada. Toute la bonté du monde entre ses doigts boudinés, qui humanisent le haricot et le manioc avec le lait de coco, le citron, le piment malaguette. Et toute la sagesse de l'Afrique dans les souks des marchés, avec leurs herbes et leurs farines, leurs viandes et leurs crabes, leurs saindoux et leurs savons, une abondance que les nègres réinventaient quand ils avaient échappé à la monoculture de la canne, un méli-mélo crapoteux qui sent la saumure et la pourriture, la grande bouffe en tranches de savoir.

Afrique, encore, dans les jeux de jambe de la capoeira, karaté venu d'Angola, qui se sert de la tatane comme la savate française. Karaté stylisé, affiné, joué en musique,

*São Francisco,
vue de l'intérieur.*

avec des pas de deux et une algèbre de clown. Pour s'entraîner au combat, les esclaves devaient donner le change, ils déguisaient en ballet leurs coups de jarnac mortels. On ne fait plus de capoeira aujourd'hui sans s'accompagner de *berimbau*, crécelle plaintive, et s'il y a une façon, pour le noir de Bahia ou de São Paulo, de « récupérer son identité », c'est bien d'apprendre cette gymnastique de samouraïs nègres, tout un art – très brésilien – de tromper son monde, de transformer la guerre en folklore.

Peaux noires et masques blancs ! Baptisé de force, l'esclave ne renonçait pas aux divinités qui, chez lui, soufflaient l'orage et faisaient lever les récoltes. Oxum, déesse de la beauté, Oxossi, dieu des chasseurs, Ogum, dieu du fer et de la guerre, Oba, déesse des fleuves, Yemanjá, déesse de la mer : ils étaient tous là, panthéon bigarré et exigeant, amoureux des colliers et des pierres, des coquillages et des bracelets, matelassés de fer, de cuivre, hérissés d'épées et de lances, gourmands de chèvres et de poules. Pour déjouer l'inquisition des soutanes, chacun était assimilé à un dieu catholique : Ogum devenu saint Antoine, Oxumaré saint Barthélemy, Oxossi saint Georges, Oba Jeanne d'Arc – une pucelle aux cheveux « afro » et à l'œil frénétique.

MAÎTRES FOUS

De ce syncrétisme est né le candomblé, vaudou bahianais. Les collines de Salvador battent le candomblé tous les soirs, tam-tams infatigables, rondes interminables des danseuses habillées comme des nonnes, qui appellent les saints (les *orixás*) de toutes leurs fibres et de toute leur sueur, mais les saints se font attendre, il faut les soudoyer avec des sacrifices, avec des grimaces, quand enfin la danseuse « attrape » le saint, elle tombe en transe, ses adjuvantes l'éloignent, épongent son eau et sa salive... On est au royaume de Jean Rouch et de ses « maîtres fous », des prêtresses (les *mães-de-santo*) à la négritude frottée d'ésotérisme, comme cette reine du candomblé gegê-nago, Menininha de Gantois, de son vrai ιιom Marie Scolastique, qui dépasse en autorité sacerdotale les archevêques de la *praça da Sé*, pourtant tous primats du Brésil.

En appelant ses *orixás*, l'esclave rameutait l'Afrique sur ses terres de misère. Mais le Bahianais d'aujourd'hui ? Que lui fait Oxossi, ou Oxalá ? Sorties de la clandestinité, les « entités » noires ont fini par franchir toutes les lignes de couleur. Jorge Amado, grand connaisseur, notait en 1960 que le nombre des lieux du culte avait quintuplé en quinze ans. En 1974, on en comptait près d'un millier officiellement déclarés. Candomblé à Bahia, umbanda ou macumba à Rio (le même rite, mais mêlé de spiritisme), pentecôtisme un peu partout : l'expansion des religions « parallèles » a suivi le déclin de l'Église. En même temps qu'à un Dieu vaguement appris pendant l'enfance, nombre de Brésiliens croient aujourd'hui au « mauvais œil », aux gris-gris protecteurs, au *despacho* fait au coin des rues – bougies et cachaça offerts aux divinités pour acheter leur bon vouloir. Rio et ses banlieues comptent 22 000 centres de macumba. On parle même de *macumbeiros* parmi les militaires, race pourtant formée au positivisme et à la franc-maçonnerie.

Le Vatican doit se résigner : le Brésil n'est plus le premier pays catholique du monde. L'a-t-il jamais été ? Bien des spécialistes disent que non : le Christ est venu en caravelle, et les *orixás* dans les cales des négriers. Il incarnait le credo des colonisateurs, de l'élite blanche, pas du peuple de couleur. Aussi le catholicisme est-il resté une religion d'épiderme, il ne s'est guère intériorisé, et s'il a contribué à humaniser le pays, il n'a pas réussi à lui donner une morale sociale. A mesure que l'Église est entrée « dans le siècle », les Brésiliens ont cherché à satisfaire ailleurs leur besoin de surnaturel, d'impondérable. Les paumés, les déracinés des grandes villes vont voir les médiums des sectes spirites pour être rassurés sur leur sort, voire sur leur couleur. Ils se soumettent aux « passes » pour être délivrés du mal, c'est-à-dire de leurs misères et de leurs douleurs.

Confesseur et psychanalyste, le père-de-saint a l'avantage sur le prêtre de donner des recettes – immédiatement utili-

*Le mousseux
pour les orixas.*

Macumba : le diable à la devanture.

sables – de santé et de bonheur. Chaque croyant a son *orixá*
et chaque *orixá* ses règles : il suffit de les suivre pour être en
paix avec le monde et avec soi-même. Entre les *orixás* des
uns et des autres, il peut y avoir des incompatibilités
d'humeur : il vaut mieux alors ne pas les forcer à en décou-
dre... Beauté des querelles divines, des philtres d'amour
et des potions magiques, univers mythique qui a ensemencé
la littérature, la peinture, la musique de sa truculence et de
ses frayeurs.

« Dans notre tendresse, dans notre mimique, dans notre
façon de marcher et de parler, dans tout ce qui est expression
sincère de la vie, nous manifestons presque tous l'influence
noire », écrit Gilberto Freyre. Curieux mélange, qui s'est
fait entre la schlague du garde-chiourme et le mamelon
des nounous noires. Le Portugais fouettait ses esclaves, mais
ne dédaignait pas de leur faire des enfants. Le petit blanc
grandissait au milieu de demi-frères couleur café au lait :
brassage des races et brouillage des cartes, qui ont longtemps
fait croire aux Brésiliens qu'ils avaient été des esclavagistes
modérés. Une légende, que Joaquim Nabuco, le grand abolitionniste, détruisait déjà au XIXᵉ siècle : « L'esclavage est
partout le même, disait-il. Ce ne sont pas les maîtres qui sont
bons, mais les esclaves qui finissent par se résigner et abdiquer
toute personnalité. »

Jusqu'au XIXᵉ siècle, la chronique coloniale ne varie guère :
attrapés au lasso dans leurs savanes, les noirs sont vendus sur
la place publique, marqués au fer rouge, punis du carcan,
des fers, du fouet – avec sel et vinaigre sur les plaies – ou bien
des « petits anges » – anneaux qui écrasent progressivement
les doigts. Les épidémies de dysenterie et de variole tuent
trente esclaves sur cent pendant la période d' « adaptation »
et neuf nouveau-nés sur dix. Un esclave dure sept ans en
moyenne. Les propriétaires préfèrent acheter de nouvelles
« pièces » que de se conduire avec humanité. Les ordonnances
de l'époque conseillent : « On peut abandonner les esclaves
et les animaux quand ils sont malades ou boiteux. »

Avant de « se résigner », les esclaves se sont souvent révoltés :
les évasions réussies finissaient dans la forêt, sous la forme de

ces *quilombos* – communautés de nègres marrons – qui ont jalonné l'histoire du Brésil, et dont le plus célèbre – Palmares, dans l'Alagoas – a duré plus d'un demi-siècle, véritable Troie noire qui a réuni jusqu'à 20 000 fuyards et qui punissait de mort l'adultère et le vol, comme en Afrique. Isolé au milieu de l'*engenho*, le blanc n'en menait pas large. Autant que cruel, il a fallu qu'il soit malin. Les esclaves divisés en « nations » (souvent rivales) ou armés d'une pétoire pour rejeter le Hollandais ou le Français à la mer, c'était autant de stratagèmes pour dévier leur violence. Roger Bastide affirme même que le maître s'est dédoublé, le blanc jouant au bon blanc en parrainant ses nègres, en libérant les plus fidèles au moment de rendre l'âme à Dieu, et le contremaître, noir ou mulâtre, concentrant sur lui toutes les fureurs.

Comme dans un traité marxiste, c'est l'économie qui, à chaque étape, décide de l'affranchissement des serfs. Quand la colonie a besoin de tailleurs, de sculpteurs, de graveurs, de commerçants, voire de prêtres, elle permet aux noirs d'acheter – comme ils peuvent – leur liberté. Puis, quand la production et l'administration se diversifient, et réclament des travailleurs libres, l'abolition s'impose petit à petit au pays. L'Angleterre fait d'abord pression, sur les mers, pour stopper le trafic. La voix de Sa Gracieuse Majesté est celle du capitalisme industriel : l'esclavage est condamnable parce qu'il est immoral et aussi parce qu'il entrave l'expansion des marchés et la modernisation des fabriques. Si des *fazendeiros* résistent tant qu'ils peuvent, d'autres, comme les planteurs de café, finissent par adhérer à l'idée abolitionniste : obligés de s'adapter aux fluctuations des cours mondiaux, selon le sociologue Octavio Ianni, ils ont senti la nécessité de se débarrasser des charges fixes représentées par les esclaves pour acquérir leur force de travail comme une marchandise.

VENTRE LIBRE

Explication marxistissime, qui n'exclut pas les vertus du repentir. La « tache immonde » est effacée en douceur, à la brésilienne. Loi du ventre libre, qui affranchit les enfants d'esclaves, puis loi des sexagénaires, enfin loi d'Or, qui décrète, le 13 mai 1888, l'abolition totale. La honte sera si grande, par la suite, que Rui Barbosa, le grand orateur du second Empire, fera détruire toutes les archives sur trois siècles et demi d'indignité nationale.

Le Brésil est le dernier pays à supprimer le servage, mais quand il s'y décide, les nègres libres sont déjà trois fois plus nombreux que les esclaves. Les mulâtres font fureur dans les lettres et les arts. En accédant au bien dire et au bien écrire, ils affirment leur supériorité sur la race boutiquière des « petits blancs ». Mais l'émancipation jette vers les villes des masses de noirs ignorants, qui se marginalisent : habitués à considérer le travail comme l'enfer, ils n'aspirent qu'au repos, « aspiration absorbée de façon négative, écrit Ianni, par l'idéologie raciale du blanc ».

Aujourd'hui, l'homme de couleur continue d'occuper le bas, qui est très bas, de l'échelle sociale. C'est lui qui peuple les *favelas*, les prisons, les hôpitaux – réserve de misère et de soumission où le pays puise ses bonnes et ses boys. Dire qu'il fait problème serait beaucoup dire. La « question noire » n'existe pas au Brésil. Elle n'alimente ni les conversations ni les programmes politiques. Et si elle effleure quelques consciences, c'est en pointillé. On n'est pas aux États-Unis, et les échos qui viennent d'Afrique du Sud scandalisent. Il existe d'ailleurs des lois pour dissiper toute équivoque, comme cette loi Afonso Arinos, édictée en 1951, qui interdit la discrimination dans les services offerts au public. Malheur à ceux qui ne savent pas se conduire : aussitôt la télévision, les journalistes leur tombent sur le dos, et les voilà obligés de s'expliquer, de mentir, de se couvrir de cendres...

Le Brésil n'est-il pas célèbre pour sa civilisation du métissage, son coude à coude racial ? C'est vrai. Dans l'Olympe du pays, d'ailleurs, les dieux sont souvent noirs. Pelé, bien sûr, mais aussi les rois de la samba, et Grande Otelo, nabot sublime, passé des shows du casino d'Urca au grand rôle de *Macunaïma*, et toutes les Édith Piaf au cheveu mal décrêpé, à la voix de goualante poussée sur le chiendent des mornes. Si la pureté aryenne a été exaltée par quelques doctrinaires au début du

PUNITIONS PUBLIQUES

siècle, elle n'enthousiasme plus personne : personne, ici, ne se sent assez sûr de ses ancêtres...

Pourtant, on note quelques bizarreries : la candeur, intouchée jusqu'ici, de la marine et des affaires étrangères. L'harmonie immaculée de l'industrie, de la banque, de certains clubs et écoles privées. Les offres d'emplois qui exigent « bonne apparence » et que les noirs savent immédiatement interpréter. Les réflexions de tous les jours. Si beaucoup de Brésiliens revendiquent l'Afrique qu'ils ont dans la chair, certaines dames avouent, entre la poire et le fromage, qu'elles n'aiment pas la « peau noire », ou plutôt, car elles ont du tact, la « peau foncée ». Le préjugé racial existe-t-il ? Mais non, réplique ce haut fonctionnaire de Brasilia. « Vous confondez racisme et esthétique. Si les blancs n'épousent pas les noirs, c'est parce que les noirs sont laids »...

Mais il ne faut pas enfermer le Brésil dans ces formules brutales. Le pays a toujours su arrondir les angles, trouver un baume pour toutes les blessures. En sautant d'un mot, d'une nuance à une autre, il franchit vite les « lignes de couleur ». Le noir cesse d'être noir pour devenir *pardo* (gris) ou simplement *escuro* (obscur). Si ses cheveux « durcissent » – comme on dit – il n'est plus que *mulato*. Mulâtre, mais sans traits négroïdes, c'est un *moreno* (brun), comme vous et moi. Selon l'anthropologue bahianais Thales de Azevedo, il existe environ trois cents mots pour désigner les différences raciales. Abondance rassurante, dit-il, qui vaut mieux que de rejeter comme « nègre » toute personne d'ascendance ou d'apparence de couleur.

C'est tant pis pour les apôtres de la négritude, et pour ceux, très rares, qui ont l'humeur revendicative : les mouvements politiques noirs d'avant-guerre n'ont pas survécu à leur interdiction par Vargas. La dernière ruse consiste – quel Brésilien y échappe ? – à affirmer que le préjugé racial se confond avec le préjugé social, et qu'ici plus qu'ailleurs, « le riche a le teint plus clair ». Ruse à fond de vérité : si la démocratie raciale brésilienne est un mythe, c'est évidemment parce que la démocratie sociale reste à inventer. Mais pourquoi s'impatienter ? Depuis quelques décennies, le Brésil blanchit.

Alors que le recensement de 1890 comptait cinquante-quatre pour cent de noirs et de mulâtres, aujourd'hui les deux tiers des Brésiliens se considèrent comme blancs. Délicatesse des enquêteurs, qui invitent chacun à décliner sa couleur. Le flux européen du début du siècle a « aryanisé » le pays, et les noirs ont toujours le bon goût de ne pas persister dans leur noirceur : ils se métissent, pour « s'améliorer ». L'Afrique s'estompe donc des visages. Mais c'est au moment même où elle explose dans les cœurs.

FINISTERRES

Après l'exubérance, le dénuement. Après la civilisation du trop-plein, celle du trop-peu. Quand on quitte Salvador pour s'enfoncer à l'intérieur des terres, le sol se racornit, se réduit à ses os, le ciel devient bleu comme une trique. *Sertão*! La brousse, le bled, le fin fond de la désolation, les finisterres de la solitude. Sur la côte, le massapé gras et humide met la nature en verve, la remplit de parfums et de parlotes. On n'imagine pas Jorge Amado sans les vallons gorgés d'eau d'Itabuna et d'Ilheus, avec leur cacao qui pousse à l'ombre des bananiers. Mais ici le paysage ne « parle » plus qu'avec un lance-pierres, il a l'amertume des cravaches. Paysage de rocaille, de vaches-zébus à maigre « rendement de carcasse » – dur comme une *meseta*, foudroyé, parfois, comme le Sahara.

Le *sertão* occupe la moitié du Nord-Est. Il forme la plus grande partie du polygone des sécheresses. C'est la terre des *cangaceiros* à bicorne de cuir, des violoneux, des drames, de la faim. A ses arbres rabougris, à ses cactus en forme de cierges et de candélabres, à sa végétation couleur de cendre et de mort, les Indiens ont donné le nom de *caatinga* (la forêt blanche). Pour la décrire, il faut le style – de pourpre et de pampre – d'Euclides da Cunha. La *caatinga*, écrit l'auteur de *Os sertões*, a des « feuilles urticantes et des piques en forme de lance » ; des xique-xique « aux rameaux rampants et recourbés » ; des *juazeiros* « qui parsèment le désert de leurs boules d'or riantes » ; des cactus « dont le feu ambiant stimule la circulation de la sève dans les raquettes charnues ». Partout elle étend

*Sertão :
l'arbre mort,
le ventre vide.*

« comme un calice dilacérant ses rameaux d'épines ». Pour « éviter, tromper ou combattre le soleil », ses plantes enterrent leurs tiges, s'entrelacent, « s'enrégimentent », deviennent « des plantes sociales ». « Par la capillarité de leurs radicelles entrecroisées, elles finissent par vaincre la succion insatiable des sables. » On n'a pas écrit mieux depuis. Laissons pourtant le dernier mot à Auguste de Saint-Hilaire qui dit, à propos de ce paysage funèbre, qu'il a toute « la mélancolie de l'hiver » et « toute l'ardeur de l'été ».

Dans le *sertão*, l'année est un long brasier, interrompu par trois, quatre mois d'averses. Dès que la pluie tombe, commence la « verdure ». La nature en fleurs ressemble à « un immense verger qui n'a pas de propriétaire » (Euclides da Cunha). Les vaches efflanquées reprennent du poil et du poids, les hommes retrouvent leur chair. C'est l' « été suédois », un bref paradis qui succède aux mois de « maigre ».

Que la pluie s'absente, et c'est le drame. Les bêtes meurent de faim. Si les *fazendeiros* peuvent vivre sur leurs réserves, les *sertanejos* les plus pauvres doivent « se retirer » des terres réduites à leur poussière. « Caravanes de spectres », dit Josué de Castro, qui arrivent à perdre cinquante pour cent de leur poids pendant la sécheresse. La dernière *seca* a eu lieu en 1970. Dans certaines villes du littoral, les affamés pillaient les magasins. A Penedo, vieille cité coloniale endormie au bord du São Francisco, les enfants des *retirantes* disputaient les fourmis aux crapauds. Cette année-là, des fronts de travail furent créés pour venir en aide à ceux que la langue brésilienne appelle d'un mot terrible : les *flagelados*, les flagellés.

La mémoire du pays a enregistré la fatalité du fléau à intervalles de onze ans pour les sécheresses totales, de cinquante ans pour les sécheresses exceptionnelles, comme celle de 1877-1879, qui fit entre cinq cent mille et huit cent mille morts par soif, inanition ou épidémie. Aujourd'hui, on ne meurt plus de soif. En soixante ans, le département national des travaux contre la sécheresse a multiplié les puits et les *açudes*, bassins qui accumulent l'eau de pluie et font miroiter partout leurs flaques à couleur d'espérance. A condition que les *açudes* soient creusés assez profond pour résister à l'évapo-

Sertão : la prolifération des plantes grasses, le sol qui s'effondre sous les pas.

ration de l'été, les vaches ont de quoi boire. Pour en finir avec la faim, il faudrait que les bassins servent aussi à irriguer la terre. Le long du Jaguaribe et du São Francisco, des « périmètres irrigués » ont commencé à faire pousser le riz et les tomates, premier essai d'une agriculture à l'israélienne, qui multiplie à grands frais les digues, les réservoirs, les canaux, les stations-pompes, certains disent même à des coûts anti-économiques.

La sécheresse a produit un type d'homme particulier, bien loin des panses généreuses de la côte, et de sa jactance. Ici, les visages sont de cendre, les corps tout en os et en angles. La tête brachycéphale, presque trapézoïde, enfoncée dans le buste sans cou, rappelle que le mélange s'est fait avec l'Indien, non avec l'Africain. Le noir, même fugitif, a rarement dépassé la zone humide. Vouée à l'élevage, qui réclame peu de main-d'œuvre, la *caatinga* n'avait pas besoin d'esclaves. Dès le XVIᵉ siècle, elle s'est spécialisée en fournissant aux plantations du littoral des bœufs de traction et de la viande : carne mise encore aujourd'hui à sécher au soleil, coupée en morceaux et enrobée de manioc dans les gamelles des bouviers. Quant au cuir, il sert à tout, comme il y a trois siècles : à faire les malles, les tabourets, les harnais, les outres, les lits, les chapeaux, les bissacs. Et la veste tannée, et les jambières et les genouillères qui carapacent le vacher quand il se frotte aux broussailles.

ANGES EXTERMINATEURS

Entre la faim et le fanatisme, entre la rocaille et la rigueur, entre la brûlure du vent et l'âpreté du caractère, les rapports sont connus. Avec le *sertanejo* on quitte le Brésil de l'abondance verbale, du comportement fluide, de la nuance et du compromis pour entrer dans cet hinterland de la psychologie nationale où l'honneur mène encore au crime, où l'austérité devient parfois intransigeance, et l'intransigeance intolérance. Une sorte de Corse servant d'arrière-pays, d'arrière-pensée à la Provence. C'est Roger Bastide qui remarquait que la volupté de la côte contrastait avec la chasteté de l'intérieur, et les anges joufflus des églises de Salvador avec les anges exterminateurs d'un peuple qui ne connaît que le calciné, le tragique.

Sous le ciel implacable, la religion est devenue celle de la colère divine, des péchés lavés dans le sang, des prophètes qui annoncent la fin du monde. L'imprécation pentecôtiste fait recette dans les villages qui prient pour faire pleuvoir et accrochent partout des fétiches en terre cuite pour conjurer le mauvais sort. En 1976, Frei Damião tenait aux *sertanejos* le langage médiéval des frères prêcheurs du XIXe siècle. Voici près d'un demi-siècle que ce capucin d'origine italienne les invective, de son mètre cinquante de colère ramassée : « Les dissolus, les impurs, les lascifs, tous ceux qui ne pensent qu'au sexe, ceux-là iront au feu de l'enfer, vous entendez ? En enfer, là où il y a le diable. Le diable existe, vous entendez ? Il existe. A Mirandeba, je suis entré dans une maison abandonnée, et il m'a jeté sept pierres.

« Un baiser sur le visage de sa fiancée, un baiser comme ceux qu'on donne à une parente, il n'y a pas de mal à ça, non, il n'y a rien à redire. Mais un baiser sur la bouche, un baiser avec la langue, ça non, c'est un péché, vous avez compris ? Un péché.

« Ne portez pas de minijupe. La minijupe, ce n'est pas bien, non. C'est un piège dont se sert le diable pour attraper les hommes. Le diable est caché dans les minijupes des femmes. »...

Dans sa quête perpétuelle de miracle et de sainteté, le *sertão* a déjà décidé de statufier ce père-fouettard – statue qu'on annonce supérieure, en tonnes de hargne, à celle du *padre* Cícero, qui domine Juazeiro do Norte, dans le Ceará. Le *padre* Cícero a été l'autre messie du Nord-Est. Simple curé de campagne, une « béate » lui avait rendu un jour l'hostie dans un crachat de sang : il n'en fallut pas plus pour faire de lui un prophète. Imprécateur madré tourné en chef politique, le *padre* Cícero a électrisé le *sertão* jusqu'à sa mort, en 1936, et fait de son village la Fatima des quatre cent mille pèlerins qui viennent, chaque année, payer une promesse devant sa silhouette de Grandet rhumatisant. Toute la misère, toute la crédulité du monde dans ces visages boucanés, édentés, dans ces regards chavirés par la faim. « A Juazeiro, l'argent peut

*Sertão : Repas de l'âge de pierre,
vachers bardés de cuir.*

manquer pour le pain, dit le successeur du *padre* Cícero, jamais pour les cierges. »

Tout le XIXᵉ siècle *sertanejo* est plein de pénitents hirsutes, qui se mortifient à l'épine et à l'ortie, d'oracles qui annoncent un « Dieu excédé par la détestable conduite de la Terre ». En 1837, dans les *serras* du Pernambouc, des centaines de fanatiques saoulés de jus de jurema massacrent femmes et enfants à l'appel d'un fou qui leur promet le ciel à condition que la terre s'abreuve de sang : c'est l'*Orange mécanique* des ventres vides, sous la brûlure d'un LSD xérophile. Plus tard, Antonio Conselheiro, cinglé grandiose, construit une ville de paille, Canudos, dans le *sertão* bahianais, la remplit de catéchumènes qui prient et chantent toute la journée, mais envoient au feu de l'enfer la République nouveau-née et pillent les campagnes pour se nourrir. Il faut quatre expéditions pour venir à bout de cette Vendée plus faite de roc que de bocage. Après avoir chargé leurs mousquetons avec des grains de chapelet, les enragés se font massacrer plutôt que de se rendre. En racontant cette folie, Euclides da Cunha a montré qu'elle avait germé chez les damnés de la terre, explication reprise par l'écrivain Antônio Callado, qui voit dans le *latifundio* la source de toutes les chouanneries du siècle.

DAME MEILLEURE

Aujourd'hui, le *sertão* n'est plus tout à fait le bout du monde. Des routes le relient à la côte et au sud. Le barrage de Paulo Afonso, construit en 1955 sur le São Francisco, apporte l'électricité – et la télévision! – aux villages endormis sous l'éventail, en forme de soleil, des arbres à cire, les carnaubas. Certains parlent de progrès, et comptent ce que le polygone des sécheresses a gagné en téléphones, salles de classe, silos à maïs, hectares irrigués, vaches améliorées (la frisonne remplumant la sertanèje), cultures diversifiées par l'expansion du cajou, du sorgho, de l'arachide. Malheureusement, les constatations officielles restent pessimistes, qu'il s'agisse du *sertão* ou de l'ensemble de la région. En 1970, le Nordestin vivait avec un revenu inférieur de 59 % à la moyenne nationale, moins encore que dix ans plus tôt (54 %). L'analphabétisme, qui atteignait encore cette année-là le taux de 55 %, avait diminué deux fois moins vite que dans le reste du pays. Chômage et sous-emploi avaient augmenté au cours de la décennie. Le nombre des *minifúndios* de moins d'un hectare avait doublé et celui des *minifundistes* triplé : autrement dit la paupérisation s'était aggravée dans les campagnes.

Dualité, classique en Amérique latine, du *minifúndio* et du *latifúndio*. Depuis la colonisation, le sol appartient aux hobereaux qui font du bœuf et du coton à perte de vue, aux planteurs de sucre et de cacao qui travaillent pour l'exportation. Les cultures vivrières sont les cultures des pauvres, elles se nichent où elles peuvent, dans les creux ou sur les bosses. Dans la zone de la canne, les usiniers préfèrent une expansion horizontale, qui sacrifie les cultures de subsistance, à une expansion verticale, qui exigerait des améliorations techniques et laisserait subsister une classe de petits et moyens paysans. La puissance sociale continue de se mesurer en hectares, le « statut » en mottes de glaise. Les *terratenentes* accumulent les terres, même s'ils les laissent en friche. Alors que la moitié de la surface cadastrée est inexploitée, la majorité de la main-d'œuvre agricole travaille seulement un tiers de l'année, selon le géographe Manoel Correia de Andrade – moins qu'en Inde.

Main-d'œuvre qui vit encore à l'heure de Jacquou le Croquant. Dans la cabane de *taipa* (mélange de boue et de bois), tout est miniature, les hommes, les bancs, les tables. Rien dans les mains, rien sur les murs – la nudité des cavernes. Le lit est un hamac où dorment les marmots piqués de rougeole ou les hommes pris par une « fièvre sauvage ». La grippe, la malaria sont des fièvres sauvages. Faute de médecin, et parce que les corps sont minés dès l'enfance, elles durent plusieurs mois. A la fin de la saison sèche, dans le *sertão*, beaucoup d'enfants souffrent de la *dor-de-olho*, inflammation des yeux et des paupières. Ils vont à l'école deux ou trois ans, puis se désalphabétisent. Illettré, le *sertanejo* parle pourtant une langue rare. Isolé par ses landes de l'évolution de la côte, il a gardé les archaïsmes du portugais colonial.

Il ne vit pas, « il passe par la vie ». Il ne cherche pas à améliorer son sort, il part « à la chasse de Dame Meilleure ».

En 1955, Dame Meilleure avait le visage d'un avocat inscrit au parti socialiste, Francisco Julião, qui énonçait sous la forme de dix commandements son bréviaire de résistance à l' « oppression du latifundio ». En fondant les Ligues paysannes, dans la région de la canne à sucre, près de Recife, Francisco Julião a lancé le premier mouvement régional à caractère revendicatif, provoqué la première révolte qui n'ait été ni mystique ni retardataire. Grâce aux Ligues, le *camponês* s'est découvert comme personne humaine, comme producteur. Les militaires n'ont rien pu contre cette prise de conscience, même s'ils se sont empressés d'interdire aux paysans de se liguer pour se défendre. Pendant des années, les mots de réforme agraire ont embrasé les campagnes. Aujourd'hui, ils ont été vidés de leur sens : quand ils n'y voient pas un slogan subversif, les dirigeants estiment qu'ils répondent à une philosophie distributiviste « facile », « émotionnelle ». Le mot même de « paysan » n'est plus guère employé : on préfère parler de « travailleur agricole ». La doctrine du jour consiste à ne rien changer dans les zones surpeuplées, considérées comme « polémiques », mais plutôt à drainer les « excès » de population vers les terres vierges. Cap sur le Maranhão et l' « enfer vert » amazonien! Mais il faut des colons triés sur le volet, entraînés, équipés, pour atteindre la productivité exigée désormais du sol brésilien. C'est pourquoi la colonisation se fait au compte-gouttes. En pleine ruée vers l'ouest, on comptait en 1973 dans le Nord-Est rural quelque 1 million 300 000 familles « excédentaires ». Selon les prévisions, il y en aura 1 million 700 000 en 1990.

Pendant un temps, les planificateurs ont cru pouvoir sauver la région grâce au feu sacré des cheminées d'usines. Industrialisez, industrialisez, il en restera toujours quelque chose! Aux yeux de la Superintendance pour le développement du Nord-Est (SUDENE), créée en 1959 par l'économiste Celso Furtado, il s'agissait de briser la relation coloniale existant entre le Nord-Est agricole et archaïque et le Centre-Sud moderne et industrialisé. Les usines sont donc arrivées, efficaces, compétitives : beaucoup de machines, peu de main-d'œuvre, alors que les chômeurs abondent. Et les plans d'achat ou de vente tournés vers l'extérieur, alors que la matière première ne manque pas et que fourmille le client potentiel. Le *Jornal do Brasil* citait un jour le cas d'une fabrique de noix de cajou installée à Fortaleza qui achetait la moitié de sa marchandise à la Tanzanie alors que le cajou est une des spécialités du Ceará. Raisons de l'économie de marché, que la raison ne connaît pas. La politique d'industrialisation a fait faillite et justifié Celso Furtado dans son pessimisme d'aujourd'hui quant à la possibilité, pour les économies « périphériques », de s'arracher au sous-développement par les méthodes capitalistes traditionnelles.

Comme il y a trente ou cinquante ans, les Nordestins sont donc obligés de fuir leur Landerneau natal. *Bahianos* bons pour toutes les fièvres et toutes les corvées : la fièvre du caoutchouc, au début du siècle, qui les a fait mourir comme des mouches. La fièvre pauliste qui ne cesse de les attirer sur ses terrains vagues. Avant ils allaient vers le sud en remontant le São Francisco, donnant aux proues de leurs bateaux des figures de monstres, afin d'effrayer les « mauvais esprits » du fleuve. Aujourd'hui ils embarquent leur faim et leurs espérances sur les *pau-de-arara*, camions bringuebalants que le Brésil appelle perchoirs-de-perroquets. Long dépeuplement, perte de substance et de représentativité qui se mesurent en chiffres (30 % de la population brésilienne aujourd'hui contre 45 % il y a un siècle) et surtout en déclin politique. Comment s'y résigner, quand on a donné au pays Gregorio de Matos et Castro Alves, Rui Barbosa et Joaquim Nabuco, Jorge Amado, Gilberto Freyre, Graciliano Ramos, José Lins do Rego, Raquel de Queiroz, Manuel Bandeira, Callado, etc., quand Caetano Veloso et Gilberto Gil chantent avec tant de tendresse l'âme de Bahia, quand le mouvement Armorial réinvente la musique sertanèje et que des dizaines de paysans continuent de sculpter dans la terre de Caruaru les *bonecos* de maître Vitalino – visages aux yeux d'enfance, gestes à peine sortis de la glèbe, tableautins modelés par le pouce et tirés de la malice des foires ?

Nouvelle carte postale : les chutes de l'Iguaçu

Le chemin de croix de l'Aleijadinho

ALEIJADINHO

Prophètes à la paupière bouddhique et à l'air malin ; soldats romains aux visages d'arnaqueurs et au regard frais de colère : les personnages de l'Aleijadinho sont sortis de la Bible, mais ils ont fait un détour chez Balzac. Regardez-les dans leur pierre du Minas, cette pierre-de-savon qui tombe en morceaux, ou bien dans leur bois peint jusqu'au bout des ongles : en près de deux siècles d'existence, ils n'ont pas vieilli. Leur créateur a pourtant été l'une des plus grandes épaves de l'histoire de l'art : Antônio Francisco Lisboa (1730-1814), surnommé l'Aleijadinho, c'est-à-dire l'Estropié, parce qu'atteint du scorbut et de la lèpre, il a perdu successivement ses dents, ses pieds, ses mains, au point qu'il ne se déplaçait plus, sur le tard, que sur des genouillères de cuir. Il a sculpté l'un de ses chefs-d'œuvre, les *Douze Prophètes*, le ciseau et le marteau attachés à ses moignons. A la fin de sa vie, paralysé et aveugle, il ne vivait plus que sur une estrade, implorant le Seigneur de poser sur lui ses « pieds divins ». Le martyre d'Auguste Renoir et de Sartre en même temps. Les églises d'Ouro Preto, de Sabará, de São-João del-Rei témoignent de son génie de sculpteur et d'architecte. C'est à Congonhas (Minas Gerais), dans une chapelle, qu'on peut voir son *Chemin de croix* en soixante-six figures, la souffrance de l'artiste passée dans la dé-figuration des personnages. Après lui, l'art brésilien connaîtra une longue période d'hibernation. Sous l'influence de la cour de Lisbonne réfugiée à Rio, et de la mission artistique française qui ouvre la première École des beaux-arts, le Brésil doit apprendre, en effet, à peindre comme David. Pendant un siècle, ce ne sont que « marines », allégories gréco-romaines, dames à corset, barbus de second Empire.

Tout n'a pas été néfaste dans cette bouffée d'académisme. La mission française aura donné en tout cas au Brésil l'un

Les « mulatas » de Di Cavalcanti.

Le peuple de Portinari.

de ses plus grands « reporters » : Jean-Baptiste Debret, qui a dessiné, aquarellisé les travaux et les jours de la société d'esclavage. Le musée de la Chácara do Céu, à Rio, nous montre quelques-uns de ses nègres, habillés de minijupes quand on les conduit au baptême, emmaillotés de paille de riz pour se protéger de la pluie, punis du masque de fer quand ils ont « la passion de manger de la terre ». Un jour porchers en montagne, un autre jour débardeurs pliant sous les sacs de café, ou bien fleuristes qui vendent leurs roses piquées sur un bâton. Et quand Debret peint les « madames » en train de faire du tricot au milieu de la marmaille noire, il enseigne, mieux que personne, tout ce que le Brésil colonial a eu d'ambigu, avec son esclavagisme teinté de convivialité.

Le peintre le plus connu est Cândido Portinari (1903-1962), grand constructeur de fresques quand il reconstitue, chair par chair, le martyre de Tiradentes, et mécanicien presque abstrait des misères à tête de monstre lorsqu'il peint, en ocre ou en fauve, les *favelas* de Rio et les déserts du *sertão*. Mais il y en a beaucoup d'autres, surgis du mouvement moderniste de 1922 qui a proclamé : « Tout ce qui est barbare est nôtre! » Exemple Di Cavalcanti (1897-1976), le Gauguin de la *mulata*. Dans un pays où les dieux et les sylves abondent, les primitifs sont nombreux, douaniers Rousseau qui mettent dans leurs cartes postales tous les mythes de l'Indien et du noir. Avec Heitor dos Prazeres (1898-1966), Chico da Silva est le naïf le plus connu. Cet Amazonien échoué à Fortaleza, où il habite le quartier des pauvres, tire de son imagination de *caboclo* une sorte de bestiaire psychédélique où des oiseaux de feu affrontent, dans un déluge végétal, des hippocampes hirsutes.

Profil de médaille : Jorge Amado.

AMADO

De tous les écrivains, Jorge Amado (1912) est le plus populaire. Il s'y entend pour croquer, d'une plume facile, abon-
dante, les plaisirs de la vie – *mulatas* couleur de miel, nourritures au piment et au lait de coco. C'est un instinctif, un
poulbot de l'écriture, qui ramasse son matériau dans la rue,
et ses rues sont riches en filles des rues, en phraseurs et
bambocheurs de toutes sortes, en noirs frottés de magie et
gamins livrés au hasard. Il a admirablement décrit la Bahia
du cacao, où il est né, les luttes violentes pour la terre, le
règne et le déclin des *coroneis* (les chefs politiques des campagnes), l'ouverture des ports à l'industrie, la sclérose des
mœurs de province, la faim des journaliers agricoles. Communiste, biographe du secrétaire général du PC, qu'il a appelé
le *Chevalier de l'espérance*, il s'est dépolitisé dans ses dernières
œuvres, devenant plus conteur que chroniqueur, plus picaresque et moins lyrique. Marxiste adepte de la négritude,
le premier, selon Roger Bastide, qui ait donné au peuple
brésilien son « autonomie littéraire », il a fait de sa Bahia
natale son chant du monde (*Terres sans fin, Dona Flor et ses
deux maris,* etc.).

Graciliano Ramos (1892-1953) est un peu le Dostoïevski
des Brésiliens. Un Dostoïevski passé à la pierre ponce.
Beaucoup d'anxiété, beaucoup d'introspection dans ses
livres, une incessante recherche de l'homme souterrain,
de ce qu'il y a de premier dans l'homme, pétrifié par ses
conventions et sa grammaire, et ce travail de pioche, il le
mène à coups de phrases coupantes, monastiques, aussi
dures que les cailloux du *sertão* où cheminent certains de
ses personnages. *Angoisse, Insomnie, Vies sèches, Mémoires
de prison* : autant de titres qui montrent que ce Nordestin
n'est pas un Bahianais, qu'il n'a rien de jovial. Converti,

lui aussi, au communisme, il a magnifiquement raconté dans *São Bernardo* comment un fazendeiro se déshumanise, en déshumanisant autrui, comment l'instinct de possession est un instinct de mort et conduit à vivre en « infirme » de la vie. A cet écrivain de l'incommunicabilité, à ce philosophe du *nada*, il n'aura pas même manqué l'expérience concentrationnaire, puisqu'il a passé un an dans les prisons de Getúlio Vargas. Après « avoir vécu le monde comme prison, il a vécu la prison comme monde », dit de lui le critique Antonio Cândido. Un grand moderne.

On ne quitte pas le *sertão* avec Guimarães Rosa (1908-1967), mais c'est un *sertão* magnifié, amplifié par l'érudition de cet écrivain-diplomate, qui a passé des années au milieu des *buritis* du Minas Gerais, à écouter soliloquer les vachers bardés de cuir. Il connaît tout de sa région, la moindre plante, le moindre souffle du moindre oiseau, et pour la restituer, il la fait exploser, torrent verbal haché d'éclairs, illuminé de trouvailles, symphonie orchestrée par la mémoire qui fait du Minas une terre de chevalerie, riche en hommes verticaux et forts, où l'âme retrouve ses soubassements et la nature sa diabolique innocence (*Hautes Plaines*, *les Nuits du sertão*, *Diadorim*, etc.).

Erico Veríssimo (1905-1975) appartient à la même génération littéraire que Jorge Amado, celle qui, à partir des années trente, a capté le passage du Brésil rural, patriarcal, vers une civilisation plus urbaine, plus industrielle, et décrit les chocs psychologiques et sociaux, qu'une telle transformation a provoqués. Avec lui, c'est le Sud qui est entré en littérature, le Sud de la pampa et du vent, dont le type humain, le *gaucho*, semble à l'opposé du Brésilien tropical, car c'est un homme de plaine et de troupeau, un bouvier enfermé dans sa solitude.

La décadence des grands éleveurs traditionnels, le glissement du pouvoir des campagnes vers les villes, l'éclosion d'une petite bourgeoisie citadine dans une province – le Rio Grande do Sul – qui se distingue aujourd'hui par sa formation blanche, européenne, par sa structure économique avancée, tout cela apparaît dès les premiers livres (*Musique au loin*, *Regardez les lys des champs*) pour être repris plus tard avec un mouvement d'épopée, dans la trilogie intitulée *le Temps et le Vent*.

La révélation de ces dernières années est Clarice Lispector (1925-1977). Née en Ukraine, elle n'est pas, comme d'autres, imprégnée du paysage brésilien au point d'en faire le thème central de ses livres. Ce qui l'intéresse, c'est le grand éblouissement intérieur. Et elle possède mille antennes pour le capter, pour saisir le cheminement du peu vers le plein, du fragile vers l'intense, de l'informulé vers l'illumination pure. Le livre d'elle publié en français sous le titre *le Bâtisseur de ruines* est une merveille d'écriture, où tout concourt à nous ancrer dans la beauté des choses. En phrases harmonieuses, saturées de sens, elle y raconte le périple d'un homme qui se reconstruit pierre à pierre, sous l'œil impavide du monde. Après Machado de Assis, le grand écrivain du XIXe siècle, le Brésil a connu de nombreux auteurs obsédés par leur nationalité. C'est en partie grâce à l'œuvre d'Euclides da Cunha, de Gilberto Freyre, Mario de Andrade, que le pays a exploré son essence, affirmé son originalité. Parmi les créateurs d'aujourd'hui, bien des noms seraient à citer. Les poètes Drummond de Andrade (1902) et Vinicius de Moraes (1913) ont été traduits en français, mais pas ce conteur corrosif qu'est Dalton Trevisan (1926), et c'est dommage, car il excelle à décortiquer, en phrases de fabuliste, les « choses de la vie ».

CINEMA NOVO

Enfin Glauber Rocha vint. En 1964 *le Dieu noir et le diable blond* révélait le cinéma brésilien à lui-même. Un coup de caméra poignant était jeté sur les faims et les folies du Nord-Est. Toutes les ressources de l'art populaire étaient utilisées au bénéfice d'un récit transformé par le lyrisme incantatoire, théâtralisé par les poses de la tragédie grecque : complaintes de villages, banjos d'aveugles, poèmes de colportage. Le baroque bahianais enveloppait de ses volutes les aspérités du *sertão*. Un an plus tôt, *Vidas secas*, de Nelson Pereira dos Santos, avait montré le même Brésil en haillons. Le « cinema novo » entrait en scène. Il n'a pas duré longtemps.

Dix ans après *le Dieu noir*, le cinéma brésilien était retombé au plus bas. Les quelque quatre-vingts films qu'il produit annuellement exploitent, pour la plupart, le filon – ancien – de la *chanchada*, comédie grossière, caleçonnière. Avec les piments du jour : sexualité et violence, violence surtout, si facilement tolérée par les régimes militaires... et moralisateurs. Glauber Rocha a longtemps choisi l'exil. Ruy Guerra *(les Fusils)*, ne tourne plus. Les autres rusent. Ils mettent en images des livres consacrés, profitant des encouragements officiels à cette décalcomanie. Cela nous a valu un très beau *São Bernardo*, de Léon Hirzman. Et surtout le *Macunaïma* de Joaquim Pedro de Andrade, pur produit tropical, explosion d'humour et de lyrisme où le mythe indien sert les sous-entendus modernes et où le surréalisme débouche sur la parodie politique.

Le *cinema novo* est né de la volonté d'une génération de parler enfin de son pays. Il correspond à la vague populiste qui a caractérisé les gouvernements de Jânio Quadros et de Joâo Goulart. Pour la première fois, au cinéma, rendez-vous était pris avec le peuple. Malheureusement, ce fut un rendez-vous manqué. Les *novos* cinéastes n'ont jamais touché le

Les Têtes coupées *de Glauber Rocha*
Othon Bastos dans le Dieu noir et le Diable blor
Macunaïma *de Joaquim Pedro de Andrade*

public populaire, qui se retrouve tout entier, aujourd'hui, dans les feuilletons télévisés (*telenovelas*) écrits à son intention. Faisant plus tard l'autocritique du mouvement, Joaquim Pedro de Andrade reconnaissait qu'il avait été trop « volontaire », et que ses auteurs étaient trop imbus « de leur supériorité et de leur omnipotence ». « Nous nous donnions une responsabilité que nous n'avions pas », dit-il.

En 1967, Glauber Rocha a tourné *Terre en transe*, pour montrer la faillite d'une élite dont les illusions ont mené au coup d'État. Le film a confirmé ses qualités plastiques, mais les a noyées dans un symbolisme, une déclamation difficilement supportables. Après 1968, la censure a accentué cette tendance à l'hermétisme. Entre l'abstraction lyrique et le commercial, ce qui reste du *cinema novo* cherche encore sa voie. Il faut être un exégète des *Cahiers du cinéma* pour voir dans le reste de la production vouée aux super mâles et aux pseudo-vierges, une sorte de protestation au deuxième degré contre l' « ordre et le progrès » imposé par les militaires.

FUTEBOL

On a dit que le *futebol* est aux Brésiliens ce que la neige est pour les Esquimaux. Je n'en doute plus depuis ce jour de 1974 où j'ai vu des journalistes politiques de Rio discuter, avec le plus grand sérieux, de l'impact qu'aurait une défaite brésilienne à la Coupe du monde sur le sort du gouvernement récemment installé. Cette année-là, les « jaune-et-vert » ont perdu leur couronne de triples champions du monde, et il a fallu un énorme dispositif de sécurité pour protéger, au retour, leur entraîneur. Et quelques mois plus tard, le gouvernement essuyait une sévère défaite aux élections parlementaires !

Chaque auteur a ses incompréhensions. Devant tous ces jours brésiliens que le ballon rond sacralise, je rends les armes. Je n'arrive pas à « sociologuer » sur un phénomène qui offre leur pain quotidien à des millions de Brésiliens enivrés par leurs transistors. S'amuser à la kermesse d'un Fla-Flu [1], soit. Savourer, à distance, les épilepsies du Maracana, soit. Apprécier, en peintre, en balletomane, en stratège, ou en simple vicié du dribble, les arabesques d'un Zico, d'un Dirceu, d'un Rivelino, soit ! Mais je m'arrête au moment de traiter du « fait de civilisation ». Je sèche devant le football comme facteur d'unité, de passions nationales, comme substitut à la guerre, comme exorcisme collectif. Après m'être attendri, je finis par m'énerver.

Je suis même sommaire : je ne vois que détournement de mineurs, aliénation organisée dans la futebolmanie générale, et songe à tout ce qui se perd en ferveur et en dialectique dans un pays si avide, par ailleurs, de se construire. Je suis donc un béotien. Et de l'espèce irrémédiable.

1. Flamengo et Fluminense, deux célèbres clubs de Rio.

Je laisse donc la parole à l'un de mes confrères et amis, plus séduit que moi par les charmes indiscrets du « futebol » carioca et qui raconte ici ce qui se passa un dimanche de décembre au stade de Maracana :

« Le plus beau moment, c'est tout de même quand on sort de l'ascenseur, au sixième étage, et que se déploie brusquement dans la lumière, en contrebas, le cirque bouillonnant : il faudrait n'avoir pas de goût pour les stades, ces corolles nouées de muscles, de rêves et de passions, pour ne pas aimer follement celui-ci, le plus grand, le plus sonore de tous, Maracana, géant qui fait oublier Wembley, Madison Square Garden et le Vigorelli. Un seul peut lui être comparé, le merveilleux Azteca de Mexico, plus clos, aux arcs plus rigoureux, aux arrondis plus nobles. Mais le Maracana chante plus fort, de ses deux cent mille gosiers...

Tout y est rond, comme le ballon. Du plateau d'herbe aux trois anneaux de tribunes superposées, et au disque de ciel où s'inscrivent avec une grâce nonchalante les dents de scie des vertes collines de Rio, Maracana s'ordonne avec la majesté d'une mappemonde. La pelouse, épuisée par deux cents matches par an, se niche dans une corbeille de fleurs : et au-delà, entre joueurs et spectateurs, un fossé profond comme l'Amazone à Belem, où croisent, invisibles et présents, des gendarmes impassibles.

Mais pour qui ne connaît pas cette planète ronde, le moindre match ici est une fête : au Maracana, ce n'est pas un sport à vingt-deux personnes, mais un jeu à deux cent mille. Tout le monde est tenu d'avoir du talent. Témoin ce mot du speaker achevant la retransmission du match : « *Merci de votre attention, supporters trois fois champions du monde!* » Ici, chacun est plus ou moins Pelé...

Deux équipes, bien sûr, se font face. Mais aussi, deux « torcidas », deux factions de partisans organisées, maillotées, orchestrées par des entraîneurs aussi stricts que celui des hommes sur la pelouse. Ce jour-là, ceux de l'Atletico de Belo Horizonte allaient l'emporter aussi hautement que leurs joueurs, tout en bas. Ils étaient venus vingt mille en car ou en avion, de 600 kilomètres. Toutes banderoles déployées et agitées avec la grâce que l'on voit au Palio de Sienne, ils firent donner un orchestre de tambours, trompettes, buccins et tam-tams d'une virulence tropicale.

C'est d'une beauté sauvage, que les pétards font virer à la galéjade. Quand, à la soixantième minute, le grand noir Dario jeta d'un coup de tête le ballon dans les filets de l'équipe adverse, celle de Botafogo, ce fut comme si le ciel s'entrouvrait, tel qu'on le décrit dans l'Ancien Testament : et sur la pelouse, le héros se convulsait, pris dans une transe rythmée et peu à peu apaisée par les sonneurs de tambour. Il revint à lui, manqua deux buts d'un rien, et dut, le match fini, paraître seul devant la tribune immense comme un général vainqueur.

Ces rites de masse, qu'inspirent évidemment ceux du « candomblé » de Bahia, n'iraient pas sans effusion de sang, guerre civile et expéditions punitives, si une règle absolue n'était établie : les « torcidas » rivales occupent deux secteurs opposés du stade, de part et d'autre de la tribune présidentielle, État-tampon entre les deux tribus. La veille du match, les journaux annoncent les emplacements, et porteurs de rouge ou de vert se rassemblent soigneusement là où leur sens de l'épopée musicale pourra s'exprimer sans risque de heurt. Ainsi, dans l'ancienne Chine, les généraux se prévenaient-ils du lieu de leurs rassemblements respectifs, pour éviter la bataille.

Ce dimanche, pourtant, fit une victime : l'arbitre, Antonio

Pelé, quand il regarde.

Marquez, qui avait, assez bizarrement, expulsé deux joueurs de Botafogo, dont le merveilleux Jairzinho, léopard aux longues nonchalances et aux détentes brusques. On a dit qu'un fossé salutaire l'isole, comme les joueurs, de la foule. Mais non des entraîneurs. Celui de Botafogo, sitôt le match fini, lui administra une raclée qui risque de faire époque.

Commentaire du vice-président du club perdant : « Ça lui fait du bien à un arbitre. N'importe qui peut se mettre un sifflet entre les dents. Celui-là aura compris. »

Maracana, Maracana, comme tu sais donner la fièvre. »

Maracana, le plus grand stade du monde .

CARNAVAL

Tous les ans, pendant quatre jours, les habitants de Rio cessent de dormir : par millions, ils font jouer leurs épaules, leurs hanches, leurs jambes au même rythme, en même temps. Il suffit qu'une *batucada* (groupe de samba) apparaisse sur un trottoir pour que la danse commence. Tout est danse : depuis la main qui rend la monnaie jusqu'au regard croisé dans la rue. Et tout est plus que la danse : chacun est un peu plus soi-même dans les évolutions de son corps libéré, retrouvé.

Le Carnaval est un immense happening – mais pas une orgie, contrairement à une légende tenace. Chacun sort avec sa *fantasia*, son déguisement. Comme on dit joliment au Brésil, chacun est « dans sa fantaisie ». Les femmes se couvrent ou se découvrent – guirlandes, paréos, turbans, paillettes. Les hommes se costument en femmes ou en Indiens, retrouvant ainsi une « composante » perdue. Les négresses, les mulâtresses font, avec leurs cuisses et leurs ventres, de la poésie. Les travestis triomphent. Même les paralytiques défilent dans l'avenue qui reçoit, pendant vingt-quatre heures, le défilé des écoles de samba.

Il y a en fait deux Carnavals : celui des rues, spontané, picaresque, et celui des écoles, qu'il faut payer cher, très cher, pour voir. Imaginons les Folies-Bergère, multipliées par cent ou mille, un tra-la-la monstre qui chatoie et tournoie sous les projecteurs, avec tam-tam et allégories, chars géants et *passistas* qui appellent à la transe. Le nègre devient maître de ballet et la négresse marquise pour un show préparé toute l'année, et qui met aux prises, dans une compétition où tout compte – l'harmonie, la batterie, le scénario, la fantaisie, l'évolution, la concentration – les grandes écoles des faubourgs : Portella, Mangueira, Salgueiro, Beija-Flor, Vila Isabel, etc. Les *mulatas* les plus douées font des numéros solitaires d'*umbigadas*, de coups de nombril. Les slips à franges accentuent le

Fin de partie

caractère vibratoire de ces solos enfiévrés, où les torses de cuivre, d'ambre ou d'épice sont rendus encore plus beaux par la pluie ou la sueur. Chaque nuit apporte son carnage de bières, de saucisses et de sodas. Les réveils sont chargés d'anges et de clowns qui dorment sur les trottoirs, prolétaires en habits de lumière – qui ne servent qu'une fois.

Samba, quand tu nous tiens...

SAMBA

Privez le Brésilien de musique, il s'étiole. Son sang, son encre, sa respiration, son être-au-monde se nourrissent de musique. A peine sait-il marcher que déjà il se déhanche : il y a toujours dans l'air, dans la rue, une volée de tambour. La guitare est dans chaque maison, accordée au bonheur et au malheur des jours. Vivre n'est pas vivre, si les choses de la vie ne sont pas mises en chansons. Dans ce pays où tout est bon à dire, tout devient meilleur une fois chanté. L'amour, bien sûr, mais pas l'amour-tango, pas l'amour-mélo des voisins argentins, non, un amour plein de courbes et de gouaille, un amour qui ajoute à l'amour. La tristesse aussi, une tristesse qui se console d'être scandée par les maracas. Le mot samba, d'origine africaine, est double : il signifie « mélancolie » et « coup de nombril ». Tout est dit à partir de là : le cafard exorcisé par la danse du ventre. Le Brésil n'a pas toujours « sambé ». Au début du siècle, la samba n'appartenait qu'aux Noirs. La Bahianaise qui « battait » candomblé dans sa *favela*, le nègre qui fredonnait sa misère ont été les premiers compositeurs de refrains qui ont bientôt gagné tout le pays et fait le tour du monde.

Avec la fin de la dernière guerre est venu le jazz... et ses succédanés. Le Brésil a gardé les mélodies, les harmonies américaines, il les a naturalisées, sensualisées, et le résultat a été la *bossa nova* de João Gilberto, un Bahianais que d'autres Bahianais ont suivi, Gilberto Gil, Caetano Veloso, Maria Betania.

La musique populaire est le lieu où convergent les inspirations du pays. On y rencontre à la fois Chico Buarque, Milton Nascimento, Vinicius de Morais, Luis Gonzaga junior – la « rive gauche » – et Martinho da Vila, Beth Carvalho, Cartola, Zuzuca, les Piaf et les Chevalier des mornes cariocas. Jusqu'à la fin des années soixante, les auteurs à « message » ont rassemblé les foules – surtout étudiantes. D'un stade, ils faisaient à la fois Bobino et la Mutualité. Mais leurs festivals politico-poétiques ont succombé à la censure. Aujourd'hui, Chico Buarque écrit en partie pour le théâtre et Vinicius chante ce qu'il peut de la beauté du monde. La veine ne s'est pas tarie pour autant, au contraire. Le sang noir et dru des *favelas* a conquis – grâce au disque – presque tout l'espace musical. C'est le refrain du pauvre que le bourgeois chante dans son appartement d'Ipanema. Une musique prolétaire, qui n'est pas près de s'essouffler.

FEIJOADA

La vraie, la seule cuisine du Brésil, c'est celle de Bahia. Le reste n'est que façon de se remplir le ventre. Existe-t-il plat plus indigeste, plus antiécologique que la *feijoada* ? A 40 degrés à l'ombre, tout le Brésil ingurgite, le samedi, la marmitée de haricots et de porc qui porte ce nom. Une sorte de cassoulet sans parfum, avec, pour seules délicatesses, du chou vert et une orange. L'origine de la *feijoada* est plébéienne : elle a été inventée par les esclaves qui mangeaient, avec leur haricotée, les bas-morceaux dédaignés par leurs maîtres. Riz, haricot, farofa (farine de manioc) : impossible de sortir de cette trinité alimentaire. Le goût de la simplification aidant, la viande est de plus en plus présentée en *churrasco*, c'est-à-dire à la broche, mais sans les herbes de Provence, ni les épices grecques. Encore heureux quand les potées n'ont pas mijoté dans la graisse, qui sévit encore dans quelques campagnes. En revanche, la *batida* (alcool de canne teinté de jus de fruit) est un apéritif nerveux, « qui rafraîchit en été et réchauffe en hiver » si l'on en croit les amateurs. C'est une introduction utile au *xinxim de galinha*, à la *moqueca de siri*, les grands plats juteux et odorants du littoral bahianais.

CONSEILS AU VOYAGEUR

QUAND VOYAGER

A Rio, de mai à septembre, pour éviter les grosses chaleurs (mais de fin février à mars pour assister au Carnaval). A Salvador, de décembre à mars, pour voir les grandes fêtes religieuses, et, en Amazonie, de mars à juin pour voir les grandes crues.
Se méfier des périodes de pointe (Carnaval, vacances de décembre et janvier, et vacances de juillet) : les hôtels sont bondés et les prix augmentés en conséquence.

COMMENT CIRCULER AVEC UN BUDGET RÉDUIT

Le train pour voyageurs n'existe pratiquement pas. Il est remplacé par l'autocar (ônibus), qui relie toutes les villes du Brésil, sauf en de nombreux endroits de l'Amazonie. Entre Rio et Sâo Paulo, il y a 40 navettes par jour et plusieurs services quotidiens entre ces deux villes et Belo Horizonte, Brasilia, Curitiba, Porto Alegre, Salvador. Le car est bon marché. Les cars-couchettes (ônibus-leitos) permettent de voyager la nuit dans de bonnes conditions, à un prix double.

L'avion coûte de 5 à 6 fois plus cher que le car, et un peu plus qu'en Europe. Il est indispensable dans un pays d'aussi vastes dimensions, où beaucoup de routes sont encore en terre : 1 700 km séparent Rio de Salvador et 3 300 km Rio de Belém. Les compagnies brésiliennes (Varig, Cruzeiro do Sul, VASP) desservent les grandes villes. Un pont aérien relie Rio de Janeiro à Sâo Paulo (départ toutes les demi-heures ou toutes les heures). Le « teco-teco » (petit avion) des compagnies privées ou des taxis aériens permet de se poser à peu près partout où il y a une piste d'atterrissage. Des charters, 40 % moins chers, sont affrétés par des agences de voyages de Rio et de Sâo Paulo pour visiter les grandes régions touristiques du pays. Ne pas oublier que l'un des pionniers de l'aviation a été un Brésilien : Santos-Dumont, qui fit ses essais volants à Paris en 1906.

Le bateau est une autre possibilité. De Santos (littoral de Sâo Paulo) et de Rio de Janeiro partent des paquebots de la Lloyd brésilienne qui remontent le littoral et parcourent une partie de l'Amazone (26 jours aller-retour). Le fleuve reste le meilleur moyen de connaître l'Amazonie et l'Ouest en général. Lignes régulières entre Belém et Manaus (certains bateaux vont jusqu'à la frontière péruvienne), ainsi que sur le Sâo Francisco (de Pirapora, dans le Minas Gerais, jusqu'à Juazeiro, dans l'État de Bahia). Sur l'Amazone, le Sâo Francisco, l'Araguaia, etc., nombreux bateaux mixtes : on dort dans des hamacs-on voyage avec les bêtes et les récoltes.

LES « POINTS FORTS » DU PAYS.

• Les chutes de l'Iguaçu, à la frontière de l'Argentine et du Paraguay (excellent hôtel « das Cataratas »).
• Rio de Janeiro et toutes ses plages : au nord, Buziós, près de Cabo Frio ; au sud, par la nouvelle route littorale Rio-Santos, Paratí, Ilha Grande, etc.
• Les « serras » de Rio de Janeiro et de Sâo Paulo, avec leurs hôtels, fazendas et leurs parcs nationaux (parc des Orgâos, parc d'Itatiaia). Points de départ : Nova Friburgo, Teresópolis, Itatiaia, Campos de Jordâo.
• Les villes historiques du Minas Gerais : Ouro Preto, Diamantina, Congonhas, Sâo Joâo del Rei, Sabará, Serro.
• Le Sud, avec ses plages de dunes, la « serra do mar » entre Curitiba et Paranaguá, les petites villes allemandes de l'État de Santa Catarina, etc.
• Le Nord-Est, ses cités coloniales, ses plages de cocotiers : Salvador, bien sûr, mais aussi les petites villes du Recôncavo bahiano, comme Cachoeira et Santo Amaro. L'île d'Itaparica, dans la Bahia de todos os santos (excellent hôtel). Porto Seguro (excellent motel). Du Sergipe au Ceará, toute la côte est à parcourir, avec ses plages immenses et solitaires, ses villages de pêcheurs, ses vieux quartiers portugais (Sâo Cristovâo, dans le Sergipe). Recife vaut surtout, en dehors de rares ensembles historiques, pour les plages de Boa Viajem, avec leur eau éternellement chauffée parce que prisonnière d'une barrière de rochers (les récifs qui ont donné leur nom à la ville). Olinda, son double historique, est une ville-musée. Voir aussi Sâo Luis do Maranhâo, une ville toute en « azulejos », fondée par les Français, et en face, sur la baie, Alcântara.
• L'Amazonie. Belém et Manaus déçoivent, mais ce sont des points de départ intéressants pour connaître, par bateau, la vie de la forêt (Sâo Cristovâo, dans le Sergipe). Recife vaut surtout, en dehors de rares ensembles historiques, pour les plages de Boa Viagem, avec leur eau éternellement chauffée parce que prisonnière d'une barrière de

ARGENT

L'unité monétaire est le « cruzeiro ». Celui-ci se dévalue vite (environ 40 % d'inflation en 1977). Quant au coût de la vie, il est le plus élevé d'Amérique latine. Restaurants et hôtels sont aussi chers qu'à Paris. Taxis, autobus, cinémas, théâtres sont meilleur marché (tous les théâtres sont à la bonne franquette : irait-on en maillot de bain que cela passerait inaperçu).

Il y a de très bons hôtels, notamment ceux de la chaîne Tropical : le Tropical Manaus, au bord du rio Negro, est l'un des plus luxueux du Continent. Autres établissements de la chaîne à Santarém, Foz do Iguaçu, etc. Rio compte un Sheraton, un Hilton et un Meridien, Salvador un Meridien et un hôtel de luxe aménagé dans un ancien couvent de carmélites (Pousada do Covento do Carmo). On trouve d'excellents hôtels avec piscine un peu partout, même dans des endroits inattendus comme Paulo Afonso et Juazeiro, dans l'État de Bahia.

Ce qui manque le plus, ce sont les établissements de catégorie moyenne. A un certain niveau de prix, ou dans certaines agglomérations, on ne trouve plus que le « dormitorio », un dortoir comme son nom l'indique : ne pas trop regarder à la couleur de la literie et à la minceur des cloisons. Encore heureux si l'on ne partage pas sa chambre avec d'autres hôtes de passage.
Pour ceux qui ne recherchent pas à tout prix le contact avec l'hôtellerie locale, une solution simple consiste à camper : les plages sont vides. Le camping est encore peu développé, mais il existe.

ADRESSES UTILES

Touring Club do Brasil, praça Maua, à Rio. Maison de France (services consulaires, Alliance française, etc.), 58, avenida Presidente-Antonio-Carlos, à Rio.

VOCABULAIRE

VIE QUOTIDIENNE

Está viajando : il n'est pas là.
Ainda nâo chegou : il n'est pas encore arrivé.
Já saiu : il est déjà parti.
Está em falta : il n'y en a pas.
Acabou : il n'y en a plus.

Et encore :

Estar duro : être fauché.
Dar um jeito : se débrouiller.
Fazer biscates : se démerder.

TOLÉRANCE RACIALE

Turco : l'Arabe.
Sírio : le même, enrichi.
Libanês : le même, très enrichi.

Saudade! 1. Comme tu m'as manqué!
         2. Tiens, c'est toi!
Meu amor! 1. Mon amour!
         2. Mon cher...
Apareça em casa. 1. Venez à la maison.
         2. A un de ces jours.
Está servido? 1. Vous en voulez? (Celui qui mange à celui qui ne
         mange pas.)
         2. J'avais faim!

OPTIMISME NATIONAL

« Patience, le Brésil est grand » (proverbe)
« Le Brésil grandit la nuit » (autre proverbe)
« Personne ne retient ce pays » (le président Médici)
« Le Brésil est une puissance émergente » (les militaires)

QUELQUES CHIFFRES

Superficie : 8 511 965 km². Littoral : 7 408 km.
Division territoriale : un district fédéral (Brasilia), 21 états et 3 territoires.
Population (estimation 1977) : 113 millions d'habitants.
Croissance démographique : 2,8 %. Espérance de vie : 58 ans.
Moins de vingt ans : 52 %. Taux d'urbanisation : 61 %.
Mortalité infantile : 105 °/oo.

PRINCIPALES VILLES

Sâo Paulo (7 200 000 habitants) ; Rio de Janeiro (4 800 000) ; Belo Horizonte (1 500 000) ; Recife (1 200 000) ; Salvador (1 200 000) ; Fortaleza (1 100 000) ; Porto Alegre (1 million).
Routes asphaltées : 43 000 km. Téléphones installés : 4 700 000.

INDICATEURS DE 1977 :

PNB : 127 milliards de dollars. Acier : 11,2 millions de tonnes. Énergie électrique : 21 800 000 kWh. Ciment : 21,1 millions de tonnes. Automobiles : 919 000. Réfrigérateurs : 1 373 000. Téléviseurs : 2 millions.
Café (estimation) : 15 millions de sacs. Soja : 12 145 000 tonnes. Canne à sucre : 120 millions de tonnes. Coton : 1 900 000 tonnes. Minerai de fer : 61,2 millions de tonnes. Manganèse : 608 000 tonnes. Pétrole : 9 658 000 m³.
Exportations : 12 139 millions de dollars.
Importations : 13 229 millions de dollars.
Principaux produits exportés :
Café (2 640 millions de dollars). Soja (2 140 millions de dollars). Minerai de fer (908 millions de dollars). Sucre (463 millions de dollars).

Jean-Jacques Faust, Le Brésil, une Amérique pour demain, 1966, Seuil. Le Brésil d'avant et d'après le coup d'État militaire de 1964. Bien que daté, reste le livre le plus « actuel » en français.

Josué de Castro, Géographie de la faim, 1964, Seuil. Le Brésil à travers ses climats, sa faune, sa flore et ses habitudes alimentaires.

Jean Demangeot, Le Continent brésilien, 1972, SEDES. Une étude géographique et économique.

Gilberto Freyre, Maîtres et Esclaves, 1952, Gallimard. Un classique. L'étude des trois composantes raciales du pays et une interprétation du tempérament national fondée sur une analyse de la société d'esclavage.

Gilberto Freyre, Terres du sucre, 1956, Gallimard. Portrait de la civilisation du sucre, dans le Nord-Est.

Roger Bastide, Brésil, terre de contrastes, 1953, Hachette. Le Brésil à travers ses régions et ses différentes cultures.
Les Religions africaines au Brésil, 1960, PUF. (Ces deux livres sont difficiles à trouver en français. Ils ont été traduits en portugais sous les titres de : Brasil, terra de contrastes, DIFEL ; As religiões africanas no Brasil, Editora da Universidade de São Paulo.)

Jacques Lambert. Le Brésil, structures sociales et institutions politiques, 1953, Armand Colin. (En portugais : Os dois Brasis, 1972, Companhia Editora Nacional.)

Sergio Buarque de Hollanda, Raizes do Brasil, 1936, José Olympio. Une analyse en profondeur des Brésiliens. Historia geral da civilização brasileira, DIFEL (8 volumes parus, jusqu'à la République).

Manuel Correia de Andrade, Paisagens e problemas do Brasil, 1970, Brasiliense ; A terra e o homem no Nordeste, 1973, Brasiliense.

L. C. Brasser Pereira, Desenvolvimento e crise no Brasil, 3e éd., 1972, Brasiliense. Une étude très claire sur le développement de la bourgeoisie industrielle, les raisons de la crise de 1964 et la naissance de la technobureaucratie sous le régime militaire.

Octavio Ianni, Raças e classes sociais no Brasil, 2e éd., 1972, Civilização brasileira. La place du noir dans la société.

Caio Prado junior, Historia económica do Brasil, 16e éd., 1970, Brasiliense.

Celso Furtado, Formaçâo económica do Brasil, Companhia Editora Nacional.

EN ANGLAIS

Thomas Skidmore, Politics in Brazil, 1930-1964, Oxford University Press (traduit en portugais sous le titre De Getúlio a Castello). L'étude historique la plus complète des 30 années qui ont précédé le coup d'État.

Alfred Stepan, The Military in politics, 1971, Princeton University Press. Les militaires brésiliens passés au crible par un sociologue.

Thomas C. Bruneau, The political transformation of the Brazilian Church, 1974, Cambridge University Press.

Ronald H. Chilcote, The Brazilian Communist Party, 1922-1972, Oxford University Press.

GUIDES

En portugais, **Guia Quatro Rodas,** en vente dans tous les kiosques.
En anglais, **Fodor's 1976 Guide to South America.**
En français, **A Rio et au Brésil, Guides Bleus A,** Hachette, en préparation.

CHRONOLOGIE

1500	(22 avril) Pedro Alvares Cabral touche la côte du Brésil à Porto Seguro (Bahia).
1549	Arrivée du premier gouverneur, Tomé de Souza, qui fonde Salvador.
1696	Découverte de l'or.
1763	Rio de Janeiro devient capitale.
1792	Chef d'une révolte contre l'administration portugaise, Tiradentes (Joaquim José da Silva Xavier) est écartelé sur la place publique, à Rio.
1808	Arrivée à Rio de João VI du Portugal, et de sa cour.
1822	(7 septembre) Pedro Ier, fils de João VI, « crie » l'indépendance et devient, le 22 septembre, le premier empereur du Brésil.
1840	Pedro II empereur.
1864-1870	Guerre contre l'Uruguay et le Paraguay.
1888	(13 mai) Abolition de l'esclavage.
1889	(15 novembre) L'armée destitue l'empereur et proclame la République.
1930	Appuyé par l'armée, Getúlio Vargas s'empare du pouvoir par la force.
1937	Vargas dissout le Congrès et institue l' « Estado Novo ».
1945	L'armée chasse Vargas du pouvoir.
1951	Régulièrement élu, Vargas assume la présidence de la République.
1954	Suicide de Vargas.
1964	(31 mars) Les militaires renversent le gouvernement de João Goulart et s'installent au pouvoir.

INDEX

Amazonie 11-32.
Amour 113, 116, 117.
Brasilia 33-43.
Café 89-92, 94.
Candomblé 135-137.
Caoutchouc 21, 22.
Carnaval 178-181.
Cariocas 121, 122.
Cinéma 168-171.
Copacabana 112, 113.
Cordialité 126-128.
Cuisine 184.
Découverte et colonisation 46, 47.
Diplomatie 76-78.
Économie 71, 94-98.
Église (catholicisme... et autres) 77, 80, 136, 151.
Empire (Pedro I et Pedro II) 56-61.
Favelas 112, 113.
Football 172-177.
Goulart 73-76.
Guérilla 78.
Indépendance 56.

Indiens 24-32, 46, 88.
Kubitschek 39, 54, 64, 95.
Ligues paysannes 154, 155.
Littérature 165-167.
Militaires 60-62, 68-73, 76-81, 124.
Minas Gerais 51-53, 161.
Misère 72, 100-102.
Noirs (esclavage et condition actuelle) 50, 60, 113, 132-145.
Nord-Est 50, 145-156.
Or (cycle de l') 51.
Quadros 73.
Plastiques (arts) 92, 161, 162.
Rio de Janeiro 56, 104-129.
Salvador 132-135.
Samba 182-184.
Sâo Paulo 82-103.
Sertao 145-154.
Sucre (production et civilisation du) 47-50, 154, 155.
Vargas 62-64.
Violence 123, 124.

PHOTOS

ACHEVÉ D'IMPRIMER EN 1978 PAR L'IMPRIMERIE TARDY QUERCY S.A. A BOURGES
D. L. 4ᵉ trim. 1976. Nº 0117-2 (9086)